出井康博

ルポ　ニッポン絶望工場

講談社+α《プラスアルファ》新書

はじめに——復讐される日本

近年、外国人の働く姿を見かける機会がますます増えてきた。

都会のコンビニエンスストアや飲食チェーン店では、外国人の店員が当たり前になった。建設現場でも、外国人作業員をよく見かける。田舎に行けば、農業や水産加工業などで外国人は貴重な戦力だ。

外国人が増えていることは統計でも明らかだ。

日本で暮らす外国人の数は昨年1年間で約11万人増え、過去最高の約２２３万人に達した。こうして増加した外国人の半分以上は「実習生」と「留学生」として日本にやってきている。実習生は15パーセント増えて約19万３０００人、留学生も同じく15パーセントの増加で約24万７０００人となった。私たちが普段見かける外国人労働者も、その多くは「実習生」や「留学生」として入国した人たちだ。

実習生と聞けば、日本に技術を学びに来ている外国人のように思われるかもしれない。しかし、実態は短期の出稼ぎ労働者である。留学生にも、勉強よりも出稼ぎを目的とする者が多く含まれる。

では、外国人の出稼ぎ労働者たちは、なぜ「労働者」ではなく、「実習生」や「留学生」として日本にやってくるのか。

少子高齢化によって、日本の労働人口は減り続けている。とりわけ体力が必要で賃金の安い仕事は働き手が不足している。しかし、「単純労働」を目的に外国人が入国することは法律で許されない。そこで「実習生」や「留学生」と偽《いつわ》って、実質的には単純労働者が受け入れられているのだ。

私が「外国人労働者」をテーマに取材を始めたのは2007年、新潮社の月刊誌「フォーサイト」で連載を始めたことがきっかけだった。

すでに当時から、一部の職種で人手不足は深刻化しつつあった。外国人実習生の数は15万人を超えていた。実習生と同様、バブル期の人手不足によって受け入れられ始めた日系ブラジル人の出稼ぎも、全国で30万人以上に上っていた。翌2008年には、東南アジア諸国から介護士・看護師の受け入れも開始されることになっていた。

そうやって外国人労働者はどんどん増えているというのに、世の中の関心は現在にもまして低かった。

欧米諸国を見れば、外国人労働者や移民の受け入れは、国論を二分するテーマになっている。やがて日本でも、外国人労働者や移民の受け入れが大きな議論となるに違いない。そう考え、以来私は、10年にわたって外国人が働く現場を訪ね歩いてきた。

私には今も忘れられない光景がある。外国人労働者の取材を始めた際、最初に訪れた北海道猿《さる》払《ふつ》村で目にした光景だ。

猿払村は、日本最北端の宗谷《そうや》岬《みさき》からオホーツク海沿いに少し下った辺りにある。人口は3000人に満たないが、ホタテの水揚げ量で全国一を誇る「ホタテの町」だ。ホタテの殻《から》を剝《む》く作業には人手が要るが、地元では確保できなくなっていた。そこで村では、約100人の実習生を中国から受け入れ、人手不足を補うことにした。

実習生の働くホタテの加工場は、殺風景な海岸にポツンとあった。そこに足を踏み入れた瞬間、私は思わず息を止めた。加工場には潮の香りとホタテの生臭さが充満していて、むせ返りそうだったのだ。

そんななか、中国人実習生たちは顔色ひとつ変えず、黙々とホタテの殻剝きに励んでいた。皆、20代の若い女性である。一緒に働く地元の日本人女性たちは60～70代で、作業のスピードは明らかに実習生たちのほうが早い。

「実習生なしでは、この加工場、いや村はもうやっていけない」

加工場の経営者が漏らした言葉に、私は軽い衝撃を受けた。外国人労働者なしでは「やっていけない」職場が、日本のあちこちで増えていくに違いないと悟ったからだ。少子化による人手不足は、なにも猿払村や水産加工業に限った話ではないのである。

あのときの私の予感は現実のものとなった。コンビニや飲食チェーン店のような目につく職場だけではない。外国人頼みの現場は、むしろ私たちが普段、目にしない場所に数多く存在する。コンビニやスーパーなどで売られる弁当やサンドイッチの製造工場、宅配便の仕分け現場、そして新聞配達……。いずれも日本人が嫌がる夜勤の肉体労働ばかりである。

コンビニは24時間オープンしてもらいたい。

弁当はできるだけ安く買いたい。

宅配便は決まった時間にきちんと届けてもらいたい。

新聞は毎朝毎夕決まった時間に配達してほしい。

しかし、私たちが当たり前のように考えているそんな〝便利な生活〟は、もはや低賃金・重労働に耐えて働く外国人の存在がなければ成り立たなくなっている。いや、彼らがいなくなれば、たちまち立ちゆかなくなる。

そうした実態は、日本人にほとんど知られていないのではなかろうか。

取材を続けながら、私が強く実感することがある。それは就労先としての「日本」という国の魅力が、年を追うごとに低下しているという現実だ。

かつての日本は、世界第2位の経済大国として君臨していた。途上国の人々にとって日本は「夢の国」であり、その日本で働くことには憧《あこが》れもあった。

しかし近年、アジア諸国を中心として多くの途上国が急速な経済成長を遂《と》げた。ひとことで言えば、経済格差が縮《ちぢ》まったのである。日本は「夢の国」から「安い国」へと転落し、カネを〝稼ぐ〟ための場所から〝使う〟ための国へと変わった。〝爆買い〟で有名になった中国人観光客を見れば、そのことがよくわかる。

日本に出稼ぎにやってくる外国人の顔ぶれも大きく変化した。かつて実習生や留学生の7割を占めた中国人は減少が止まらない。中国の経済発展で賃金が上昇し、日本への出稼ぎ希望者が減ったからだ。そして日系ブラジル人も、ピーク時の半分近くまで激減している。代わって増えているのが、経済発展に乗り遅れた国の人々だ。

たとえば、ベトナム人である。

2010年末には約4万2000人に過ぎなかった在日ベトナム人の数は、わずか5年で約14

万7000人と、10万人以上も急増した。ネパール人も約1万8000人から約5万5000人へと増えている。さらには、ミャンマーやカンボジアといった国々の出身者も増加中だ。彼らが今、「実習生」や「留学生」として増えている外国人労働者の正体なのである。

職業に貴賤はない。とはいえ、誰もがやりたがらない仕事はある。そうした最底辺の仕事を彼らが担《にな》っている。今後も、外国人頼みの職種は増えていくことだろう。老人の介護は外国人が担い、外国人の力なしにはビルや家も建たない時代が近づいている。

日本人の嫌がる仕事を外国人に任せ、便利で快適な生活を維持していくのか。それとも不便さやコストの上昇をがまんしても、日本人だけでやっていくのか。私たちは今、まさにその選択の岐路《きろ》にいる。

貧しい国に生まれ育った外国人であろうと、彼らも同じ人間である。日本人にとって嫌な仕事は、彼らも本音ではやりたくない。これまで私は、日本に憧れてやってきた若者たちが、やがて愛想を尽かして去っていく姿を何度となく目の当《ま》たりにしてきた。〝親日〟の外国人が、日本で暮らすうち〝反日〟に変わっていくのである。

「実習生」や「留学生」だと称して外国人たちを日本へと誘い込む。そして都合よく利用し、さまざまな手段で食いものにする。そんな事実に気づいたとき、彼らは絶望し、日本への反感を募《つの》らせる。静かに日本から去っていく者もいれば、不法就労に走る者もいる。なかには凶悪な犯罪を起こす者すらいる。

自分たちを食いものにしてきた日本社会に対し、彼らの〝復讐《ふくしゅう》〟が今まさに始まろうとしているのだ。

◉目次

第2章　新聞・テレビが決して報じない「ブラック国家・日本」

第3章　日本への出稼ぎをやめた中国人

第1章　ベトナム人留学生という〝現代の奴隷〟

所持金「2000円」の留学生

東京都北区から埼玉県に入った辺りの住宅街の一角――。最寄り駅から20分ほど歩いたところに、ある日本語学校が借り上げたアパートが建っている。

見た目は何の変哲もない古びた3階建ての物件だ。道路から見上げると、狭いベランダにカラフルなTシャツやズボンなど洗濯物がどっさり干してある。このアパートでは、ベトナム人留学生ばかり30人以上が暮らしているのだ。

1階の入り口で靴を脱ぎ、階段を上がっていった先の2階と3階が寮になっている。各階に4～5部屋ずつあって、1つの部屋の広さは6畳ほどだ。そして、それぞれの部屋に3～4人の留学生が詰め込まれている。

トイレやシャワー、台所は各階に1つあるだけだ。家具らしいものは粗末な二段ベッドがL字形に2つあるだけで、机すら置かれていない。そんな一室で、フーンさん（20歳）は、同じベトナム出身のルームメート2人と暮らしている。

「カイシャ（日本への留学を斡旋《あっせん》するブローカー）に騙《だま》されました……」

部屋で話を聞いていると、フーンさんが拙《つたな》い日本語でつぶやくように言った。今にも泣き出しそうな表情である。

「日本に行ったら、すぐに仕事が見つかると言った。でも、嘘《うそ》です！」

今度は強い口調で、彼女は私に訴えてきた。やり場のない怒りが伝わってくる。

フーンさんの後ろでは、錆《さび》ついた小さな炊飯器から勢いよく蒸気が吹き出していた。ルームメートが、夕食の準備をしているのだ。

「お金、もう２０００円しかない……」

フーンさんは、私がインタビューする３ヵ月ほど前に来日し、日本語学校へと入学した。来日時には「７万円」を持っていたが、その所持金も底をつきかけている――。

彼女はベトナム南部のニャチャン出身だ。両親は農家を営《いとな》んでいて、きょうだいは兄２人と姉がいる。兄の一人はパキスタンの建設現場で出稼ぎ中だ。フーンさんが日本に「留学」したのも、勉強が目的ではない。日本で出稼ぎをして、両親を助けたいと考えたからだ。

きっかけは、ネットで目にしたブローカーの広告だった。ブローカーは日本人経営の会社で、広告には緑溢れるキャンパスで楽しげに学生生活を送るベトナム人の若者たちが載っていた。そんな生活をしながら、「月20万～30万円」が稼げるというのである。

高校卒業後、実家の農業を手伝っていたフーンさんはいっぺんに虜《とりこ》になった。彼女は、外国はおろか、ニャチャンの町からもほとんど出たことがない。そんな自分でも人生を変えられるような気になったのだ。

フーンさんを日本へと送り出すため、家族は田畑を担保《たんぽ》に入れて150万円を借金した。内訳は日本語学校の初年度の学費が70万円、半年分の寮費に18万円、ほかにブローカーに支払う仲介料や渡航費などだ。「150万円」はフーンさん一家の7年分の収入に相当する。そんな大金を用意したのも、日本に「留学」する娘からの仕送りを期待してのことだった。

「留学生」と聞けば、母国の家族からの仕送りで生活していると思われる読者も多いことだろう。だが、途上国出身の留学生であれば、相当の富裕層でもなければ仕送りなど望めない。現在急増している留学生も、その多くがフーンさんのように日本で働き、逆に親に仕送りをしようと来日している。

そうした留学生の受け皿となる日本語学校の入学には、日本語能力試験「N5」合格が条件となる。「N5」は最低レベルの試験で、ひらがなが読める程度で合格できる。しかし、フーンさんは来日前に試験を受けていない。合格証明書は3万円程でブローカーが用意してくれた。偽造の品だが、それでもビザは問題なく発給された。

日本語学校も、日本語ができない留学生だろうと大歓迎で受け入れる。学校にとってベトナム人は、減少が止まらない中国人留学生に代わる新たな金ヅルなのである。

入学金や学費のほかにも、日本語学校はさまざまな手段で留学生からカネを巻き上げようとする。その1つが「寮」である。フーンさんが住む寮は、日本人の借り手など現れそうにない物件だ。学校側はかなり安く借り上げたに違いない。にもかかわらず、フーンさんは月3万円を支払っている。ほかの2人のルームメイトが支払う寮費と合わせ、風呂やトイレ、台所もない6畳の部屋から、学校は月9万円の収入を得ているのだ。どう考えてもボッタクリである。

「高いですよ。でも、(寮からは)出られない」

フーンさんは、来日前に半年分の寮費を前払いで取られている。そのため、ボッタクリと気づいてもすぐには引っ越せない。留学生が日本の事情に疎《うと》いことにつけ込んでいるのだ。

「2000円」の所持金では、せいぜい数日しか暮らせない。彼女には、日本で頼れる友だちもいない。生きていくためには、犯罪にでも走るしかない状況だ。

今、日本には、フーンさんのような境遇に置かれた「留学生」が溢れ返っている。ブローカーに騙されて来日し、日本語学校をはじめとする日本の学校の食いものになるケースが急増しているのだ。

「留学生」と「犯罪」の因果関係

最近、新聞やテレビのニュースでベトナム人による犯罪が取り上げられることがよくある。

2016年2月には、埼玉県でベトナム人グループが同じベトナム人を相手に強盗・殺人未遂《みすい》事件を起こし、長野県まで逃走して騒ぎとなった。2015年9月には、大阪・生野《いくの》区の路上でやはりベトナム人同士の集団暴行・殺人事件があった。少し遡《さかのぼ》ると、２０１４年にはベトナム人による「ユニクロ窃盗団」事件も頻発した。

これらの事件には共通点がある。いずれも「留学生」が加害者として含まれるのだ。

近年、ベトナム人留学生は猛烈な勢いで増加中だ。２０１０年には５０００人ほどだったが、わずか5年後の２０１５年には5万人近くにまで膨《ふく》れ上がった。こうして増加するベトナム人留学生と比例して、彼らが起こす犯罪も増えている。

２０１５年、ベトナム人の検挙件数は３３１５件に達し、前年から3割以上も増加した。在日外国人に占める割合では7パーセントに満たないベトナム人が、全体の4分の1近くの犯罪を占めている。刑法犯の件数では在日外国人の３割を占める中国人よりも多い。窃盗は34パーセント、万引きに至っては実に57パーセントがベトナム人の犯行なのである。こうしたベトナム人犯罪のうち、留学生が半分以上に関わっている。ベトナム人の犯罪については第6章で詳しく述べるが、増え続ける留学生が犯罪の増加をもたらしていることは明らかだ。

では、なぜベトナム人は日本を目指すのか。

ベトナムは今、「日本留学ブーム」の真っ只中《まただ》にある。その理由について、メディアは「日本企業のベトナムへの投資が拡大し、日本語への関心が高まって留学生らが増えた」（２０１６年3月11日付共同通信社配信記事）といった具合に分析する。まったく的外れな指摘である。

「日本留学ブーム」は、「日本企業のベトナムへの投資」や「日本語への関心」などとは関係ない。ベトナム人が日本に「留学」すれば、働いてカネを稼げるから、なのだ。

日本は今、ベトナムのような途上国の若者でも留学生として簡単に受け入れる。その背景にあるのが、政府が2020年の達成を目指す「留学生30万人計画」だ。

「30万人計画」は、安倍晋三《あべしんぞう》政権も「成長戦略」の1つに掲げる政策である。「留学生を増やすための政策」と聞けば、反対する人はほとんどいないだろう。外国人労働者や移民の受け入れには反対でも、「留学生」に関しての異論は聞かれない。留学を通じて外国人の若者が日本語を習得し、日本の文化にも慣れ親しむ。大学卒業後は、日本企業の戦力となって世界に進出するための手助けをしてくれる――。そんなイメージで、留学生の増加という事実は歓迎されている。

しかし、彼らの目的が「勉強」ではなく、「出稼ぎ」だとしたらどうなのか。日本に慣れ親しみ、貢献《こうけん》してくれるどころか、結果的に日本の治安を乱す大きな原因になっているとしても、政府は計画を進めるべきなのだろうか。

「留学生30万人計画」の虚妄

「はじめに」でも書いたように、外国人留学生の数は2015年末時点で過去最高の約24万70

00人に達した。「留学生30万人計画」も2020年を待たずに達成されそうな勢いだ。

それにしても、「30万人」という数の根拠は何なのか。

「30万人計画」にはモデルがある。1983年に自民党・中曽根康弘《なかそねやすひろ》政権下で作成された「留学生10万人計画」だ。中曽根首相（当時）の肝入《きもい》りで、1万人程度に過ぎなかった留学生の数を2000年までに10万人へと増やそうとした政策である。日本は経済大国となったのだから、もっと留学生を増やすべきだ、との考えから策定された。

ちなみに、「10万人」という数は、約12万の留学生を受け入れていたフランスが参考にされた。「フランス」だった理由は、同じ非英語圏の先進国という程度に過ぎない。

しかし、留学生の数は思ったようには伸びず、2000年時点で6万4000人程度に留まった。そこで政府は〝禁じ手〟を使った。留学ビザの発給基準を緩《ゆる》め、10万人計画を強引に達成しようとしたのである。政治家が深い考えもなくつくった数値目標を実現するため、従来のルールを現場の官僚がねじ曲げることはよくある。結果、10万人計画も2003年に無事達成された。

その過程で急増したのが、中国からの留学生だった。この頃の中国は、現在とは比べものにならないほど貧しかった。そんななか、日本政府が留学ビザの発給基準を緩めたことで、出稼ぎ目的で来日する〝偽装留学生〟が押し寄せたのである。

それから5年を経た2008年、福田康夫《ふくだやすお》政権のもとで「30万人計画」がつくられる。今度の題目は、「日本のグローバル化」である。そして「30万人」の根拠も、10万人計画のときと同様、「フランス」だった。

フランスでは、高等教育機関で学ぶ学生の約12パーセントを留学生が占めていた。ならば日本も、約３００万人の学生のうち10パーセント程度は留学生にしようと考え、「30万人」という数字がはじき出された。つまり、「10万人」にしろ「30万人」にしろ、ほとんど思いつきの数に過ぎないわけである。

「30万人」というのは、かなり高いハードルだ。そのことは世界各国と比較するとよくわかる。世界で最も外国人留学生が多いのは、約78万人を受け入れている米国だ。第２位も同じ英語圏の英国で、約42万人が学んでいる。「30万人」を超えるのは、世界を見渡しても両国だけである。

第３位もやはり英語圏のオーストラリアで、留学生数は約25万人。４位にやっと非英語圏のフランスが入るが、それでも24万人程度である。

ただし、日本への留学に限っては、欧米諸国にはない特徴がある。留学生でも簡単にアルバイトが見つかるということだ。

政府は留学生に対し、「週28時間以内」を上限にアルバイトを認めている。留学生にアルバイトが許される国は日本だけではない。フランスでも「年９６４時間以内」の就労が認められる。週に直せば18・５時間と日本より少ないが、アルバイトができることに変わりはない。

とはいえ、フランスでは日本のような人手不足は起きていない。フランス人の学生ですらアルバイト探しに苦労するほどだ。だから、出稼ぎ目的に入国してくるような外国人もいない。

ちなみに中国が受け入れている留学生は、日本よりずっと少ない約10万人だ。隣《となり》の韓国では、2016年に入って留学生の数が10万人を突破した。韓国に住む外国人の数は約186万人で、日本の約223万人と大差ない。やはり日本の外国人留学生の数は際立って多い。

中国人の減少とベトナム人の激増

政府が「30万人計画」をつくった2008年当時、留学生数は約12万人だった。計画を達成するためには2・5倍に増やす必要がある。「10万人計画」と同じくハードルは高い。しかも2011年から留学生数は減少し始めた。

大きな原因が福島第一原子力発電所事故である。放射能の影響を恐れる外国人が、日本への留学を避けるようになったのだ。また、同時期に中国や韓国との関係が悪化したことも減少に拍車をかけた。2010年には留学生全体の6割以上を占めた中国、13パーセントの韓国からの留学生が次第に減っていく。中国に関しては、自国の経済発展によって出稼ぎ目的で来日する必要がなくなったことも大きい。

中国と韓国からの留学生は、現在まで減少が止まっていない。日本の大学や大学院に在籍する留学生も同様、２０１１年以降は増えていない。にもかかわらず、留学生は全体としては増加が著《いちじる》しい。特定のアジアの国から、日本語学校へ留学する若者が急激に増えているからだ。

日本語学校の留学生は、２０１２年の約2万４０００人が２０１４年には約4万５０００人、２０１５年になると約5万６０００人（独立行政法人「日本学生支援機構」調べ）へと膨れ上がっている。海外で学ぶ日本人留学生全体の5万５３５０人（２０１３年）よりも多い。

実は、日本語学校で学ぶ外国人は２０１０年まで「留学生」に含まれていなかった。大学などへの留学生には「留学ビザ」が発給されるが、日本語学校の場合は「就学ビザ」で、呼び方も「就学生」と区別していた。それが２０１０年になって「留学ビザ」に一本化され、日本語学校で学ぶ外国人も「留学生」として数えるようになった。うがった見方をすれば、「30万人計画」達成のための〝水増し〟である。

一方、留学生を国籍・地域別に見ると、ベトナムとネパール出身者の急増が際立つ。ベトナムからの留学生は5万人近くに達し、ネパールも2万人を超えるまでになった。ちなみに２０１５年、３６８万人の観光客（中国と韓国に次いで第3位）が日本を訪れた台湾はわずか８７０９人、米国は２７２３人、フランスは１３１４人、約13億人の人口を抱えるインドは１０１２人に過ぎなかった。ベトナムとネパール出身の留学生の突出ぶりがわかってもらえるだろう。

なかでも、ベトナム人留学生の増加ぶりは著しい。その大半が、日本でまず日本語学校へと入学する。理由は簡単で、入学金と授業料さえ払えば誰でも受け入れられるからだ。「30万人計画」の達成は、「ベトナム人」と「日本語学校」が頼みといった状況である。

日本は外国人の「蟹工船」

なぜ、ベトナムで「日本留学ブーム」が起きているのか。その背景として、留学を斡旋するブローカーの存在がある。前述のフーンさんも触れていたが、「日本に留学すれば、アルバイトで月20万〜30万円は簡単に稼げる」そんな甘い言葉をネットなどに流し、若者たちを盛んに勧誘しているのだ。

ベトナムの失業率は2パーセント程度に過ぎない。また、経済成長も著しい。とはいえ、国の成長が一般庶民にまで波及しているとはいいがたい。国民の過半数は農民で、普通に仕事をしていても月1万〜2万円ほどしか稼げないのだ。いくら物価が日本の数分の1程度だとはいえ、生活は決して楽ではない。なにより、若者にとっては未来に夢の描けない暮らしでもある。そんななか、海外への出稼ぎは人生を一変させる機会となる。

ただし、ベトナムは途上国で、しかも社会主義国だ。出稼ぎを受け入れてくれる国や地域は多くない。台湾、韓国、それに日本くらいである。

台湾には、ベトナム人女性は介護士、男性は工場労働者として出稼ぎに行く。韓国でも単純労働に就《つ》くケースが大半だ。日本への出稼ぎの場合、最も多くのベトナム人が利用するのが「外国人技能実習制度」（実習制度）である。ただし、実習制度では最長３年までしか働けず、職場を変わることも許されない。台湾や韓国と比べると賃金は高いが、そうはいっても月10万円程度である。そうしたなか、日本への「留学」で「月20万〜30万円」を稼げると聞き、希望者が殺到している。

ベトナムでは、日本への留学を斡旋するブローカービジネスが隆盛を極めている。ブローカーは、実習生の斡旋も兼業しているところがほとんどだ。在日ベトナム人の数は、実習生と留学生を合わせれば10万人を超える。一人30万円の手数料を取れば、10万人で３００億円にも達する。ベトナムの経済規模を考えると、１つの産業と呼べるほどの規模である。

では、誰がブローカーをやっているのか。ブローカービジネスに詳しいある在日ベトナム人はこう話す。

「多いのが、日本からベトナムに帰国した元留学生です。彼らは日本語が話せるので、ベトナム人留学生の受け入れ先となる日本語学校とも交渉できる。ブローカーは留学生だけでなく、日本語学校からも手数料を受け取ります。私の知り合いのベトナム人は、毎年40人ほどの留学生を日本語学校に送り込み、年１０００万円以上の収入を得ている」

こうしたブローカーには、日本人経営の会社もある。現地のベトナム人スタッフに留学生を集めさせ、日本へと送り込んでいるのだ。

一方、日本への留学希望者にとって、最大の問題となるのが費用である。その額は150万〜200万円にも上る。日本の感覚でいえば、2000万円といったところだ。そんな大金を用意するため、留学生の多くが借金に頼る。それでも希望者が殺到するのは、日本で「月20万〜30万円」が稼げると信じてのことだ。

しかし留学生のアルバイトは、日本の法律で「週28時間以内」と定められている。法律を守っていれば、時給1000円のアルバイトでも月12万円程度にしかならない。

しかも、いくら日本が人手不足だとはいえ、日本語がまったくできない留学生にできる仕事は限られる。日本人が嫌がる最底辺の仕事ばかりで、賃金も最低レベルである。当然、来日前に思い描いたようには稼げない。

つまり、ブローカーはベトナム人の若者を騙して日本に送り込んでいるわけだ。だが、騙されたと気づいたときにはもう手遅れである。

嫌になって日本から逃げ出そうとしても、借金を抱えたままでは国には戻れない。一方、日本に居続けるためには、日本語学校に学費を納め続けなければならない。そのためには法律違反をしてでも長時間にわたって働くしかない。

途上国の若者たちは出稼ぎのために「留学」を利用しようとしたかもしれない。しかし、その思いにつけ込まれ、ベトナムでブローカーの罠にかかり、来日後には日本語学校の収入源としてしゃぶり尽くされる。さらには、人手不足の企業に足元を見られ低賃金で働く労働者として使われるのだ。

もはや逃げ出したくても、〝奴隷労働〟からは逃れられない。まるで現代の「蟹工船《かにこうせん》」である――。そんな状況に置かれ、苦しんでいるベトナム人留学生たちと、これまで私は数多く出会ってきた。

日本語学校によるボッタクリ

本章の冒頭で取り上げたフーンさんは、そうしたベトナム人留学生の一人である。彼女は家族の7年分もの収入に相当する「150万円」の借金をして来日した。ブローカーの言葉に騙されてのことだ。

日本という異国で所持金わずか「2000円」という状態に陥っていたフーンさんは、その後、どうなったのか――。

しばらくして再び寮を訪ねると、彼女はアルバイトを見つけていた。仕事はコンビニで売られるサンドイッチの製造工場での夜勤である。

「日本語学校が紹介してくれました。だけど、2万円を払った……」

日本語学校は、フーンさんが来日した当初からアルバイトを斡旋しようとしていた。だが、紹介料として「2万円」も要求してきた。「紹介料」の話など、ブローカーからはひとことも聞いていない。フーンさんは紹介料の支払いを拒否したため、アルバイトを見つけられずにいた。しかし、所持金が底をつき、仕方なく日本語学校に紹介料を払い、アルバイトを斡旋してもらった。有料での職業紹介は違法行為だが、日本に不慣れなフーンさんたちにはどうすることもできない。留学生の無知につけ込み、日本語学校が違法行為を半ば公然と行っているわけだ。

サンドイッチ製造工場の仕事は週3日で、勤務時間は夕方5時から翌朝3時までの夜勤である。時給は22時までが950円、以降は深夜手当がついて1250円だ。いずれも最低賃金をわずかに上回る程度に過ぎない。実働9時間で一日あたり約1万円、1ヵ月働いても12万円程度にしかならない。

月12万円あれば生活はできるが、フーンさんは借金を返していかなくてはならないし、翌年分の学費を貯める必要もある。そこでフーンさんは、2つ目のアルバイトを探すことにした。「週28時間以内」というアルバイトの制限についても、ブローカーからは何も聞いていなかった。来日後に知ったが、守っていれば日本で留学生活を続けられない。フーンさんに限らず、借金を背負って来日する留学生に共通する悩みである。

2つ目のアルバイトは、友人の紹介で見つかった。職場は宅配便の仕分け現場である。フーンさんは週3日、夜8時から翌朝5時まで働くことにした。労働時間は合わせて週50時間近い。こうして2つのアルバイトをかけ持ちすれば、「週28時間以内」という法律など簡単に破ることができてしまうのだ。

企業の側も、留学生がアルバイトをかけ持ちしているかどうかなど詮索《せんさく》しない。人手不足のなかでせっかく確保できたアルバイトを失いかねないからだ。日本語学校にしろ、留学生の目的が「出稼ぎ」であることを承知で受け入れている。たとえ法律に違反しようが、きちんと学費を納めてさえくれればよいのである。

アルバイトをかけ持ちできたおかげで、フーンさんの月収は20万円を超えた。だが、週6日も夜勤をしていれば勉強に身が入るはずもない。授業中に周りを見ると、クラスメイトの多くが机に突っ伏している。フーンさんと同様、徹夜のアルバイトに精を出しているからだ。しかし、教師や学校側はまったく気にも留めない。

日本語学校に在籍できるのは最長2年までだ。しかし、フーンさんは家族への仕送りはおろか、借金返済すらまったくできていない。卒業後も日本で働き続けるためには、専門学校か大学に進学するしかない。そのための入学金や学費を貯める必要がある。

「ベトナムに帰りたい……」

インタビューを終えようとした頃、フーンさんが再び泣きそうな声を出した。だが、彼女には帰国が許されない。借金を返さないと担保に入れた畑や家は没収され、ふるさとの家族は破産してしまう。彼女には、日本で〝奴隷労働〟を続けるしかないのである。

拍車をかけたブローカー天国

日本語学校の数は、一般社団法人「日本語教育振興協会」（日振協）が認定しているものだけで336（2015年時点）に上る。現在、日本語学校の新設が相次いでおり、日振協が認定していない学校を含めれば恐らく500近くまで増えているはずだ。

日本語学校の実態はまったくの野放しだ。留学生が食いものにされ、さらにはさまざまな違法行為がまかり通っていても、行政のチェックが入ることもない。

大学などと違い、日本語学校には政府から補助金が支給されない。外国人の教育のために国民の税金を遣うべきではないという考えからだ。それは当然だとしても、現在の状態はあまりにもひどい。

大学の設立には、文部科学省の認可が要る。日本語学校の場合も一応、都道府県知事の認可制にはなっているが、条件はきわめて緩く、認可が下りないケースのほうがむしろ珍しい。しかも日本語学校は、民間企業でも自由につくることができる。既存の日本語学校も、過半数は株式会社が運営している。そんな事情もあって、利益の追求のみに走る日本語学校が少なくない。

民主党政権で話題となった「事業仕分け」も、日本語学校のノーチェック体制に拍車をかけた。以前は日振協が日本語学校を認定し、学校から提出される留学生のビザ申請のチェックまで担っていた。しかし事業仕分けによって、日振協が権限を失ってしまった。現在は日本語学校が法務省に直接申請しているが、同省には学校に関する情報は乏しい。しかも、政府が「留学生30万人計画」を推進中とあって、悪質な日本語学校からの申請であってもビザが下りてしまうのだ。

多くの日本語学校は現地のブローカーの力を借りて、海外から留学生を受け入れる。そして入学金や学費に加え、狭いアパートに数人を押し込み、法外な寮費まで請求する。さらにはみずからがブローカーとなって、人手不足に直面する日本国内の工場などに留学生を斡旋する。そうした悪質な日本語学校が今、全国に溢れている。

たとえば、栃木県宇都宮市に校舎を構え、数百人の留学生を受け入れているS校。この日本語学校の留学生は、数年前までは中国人が大半を占めたが、最近はベトナム人が急増中だ。おかげでS校は、市内中心部に校舎と留学生寮を兼ねた10階建ての大きなビルまで持っている。

ビル上階の寮では、一部屋で4人から8人が一緒に暮らしている。家賃は一人月2万円、加えて光熱費として一人5000円程度が徴収される。光熱費までボッタクっているわけだ。

さらにひどいのが授業である。大半の学生は、日本語の知識などまったくない状態で入学している。そのためＳ校の授業は、ほとんどが初級クラスだ。困るのは、実態を知らずＳ校に入学してしまった勉強目的の留学生である。

ベトナム人のオックさん（27歳）はそんな一人だ。彼女もまた、１５０万円近い借金を背負って来日している。

もともとオックさんは、姉の住む米国への留学を希望していた。しかし果たせず、もう一人の姉がいる日本へと留学することにした。日本語学校で学んだ後、日本の大学へ進学することを夢見てのことだ。Ｓ校に留学したのは、姉の暮らしている栃木県の日本語学校をネットで検索した際、英語のサイトを唯一持っていたからだ。

真面目なオックさんは留学前、ベトナムで日本語学校に通って基礎を身につけた。Ｓ校では当初入った初級クラスでは物足りず、時を経ずして上級クラスへと上がった。ところが、学校で１つしかない上級クラスには、さまざまなレベルの生徒が集められていたという。

「（日本語能力試験）Ｎ１からＮ３までの人たちが一緒に授業を受けているんです。私はＮ３ですから、まったく授業についていけませんでした」

Ｎ１とＮ３は、高校と小学校ほどレベルが違う。オックさんは学校側に授業を改善してくれるように掛け合った。すると学校は彼女に対し、みずからが運営する専門学校への〝進学〟を勧めてきた。Ｓ校は専門学校を設立し、日本語学校の卒業生の受け皿としているのだ。彼女を専門学校に送り込めば、再び入学金が取れるという「うまみ」もあってのことだろう。

「(S校のつくった専門学校には)日本語がまったくできなくても入れるんです。そんな学校には、私は行きたくない」

オックさんは専門学校への進学を拒否した。一方で、S校が授業を改善することもなかった。彼女としては黙って引き下がるしかない。学校側に不満を述べた同級生には突然、強制帰国になった者もいる。そんな横暴も、学校側の裁量によってできてしまうのだ。

「日本で大学に進学したかった。でも、このままでは無理そうです」

彼女は今、再び英語の勉強を始めている。日本での生活から逃れるため、いったん失敗した米国留学に再度挑戦するつもりなのだ。

日本での大学進学というオックさんの夢は、実態を知らずにS校に入学したことで失われようとしている。S校のような悪質な日本語学校は、留学生の将来などに関心はない。新たに〝罠〟にかかり、入学してくる留学生の数さえ確保できればよいのである。

〝絶望工場〟の実態

前述のフーンさんと同様、オックさんは2つのアルバイトをかけ持ちしている。週3日は中華料理店でのウエイトレス、そしてさらに週3日、化粧品工場で働く。

化粧品工場の仕事は夜勤である。夜、人材派遣会社の事務所前に集合し、車で40分ほどの工場までマイクロバスに揺られていく。その現場を見てみようと、冬のある夜、私は人材派遣会社の近くに張り込んだ。

会社の事務所は、街道沿いにあった。市街地の一角だが、午後10時を回ると人通りはまばらだ。そこに留学生たちが、粗末な自転車に乗って続々と集まってくる。防寒のため、分厚いマフラーとジャンパー姿が多い。

人材派遣会社は、全国に支店を持つ大手だ。外国人労働者を専門とする企業ではないが、夜勤に集まってくるのは、ベトナムなどアジア系の留学生ばかりである。彼らを会社の担当者が待ち受け、手にした名簿でチェックする。そして点呼を済ませた留学生から、マイクロバスへと乗り込んでいく。その数は、30人以上に膨れ上がった。オックさんを含め、3分の1程度が女性である。

事務所を出発したマイクロバスをレンタカーで追いかけると、40分ほどで郊外にある工業団地に吸い込まれていった。製造業の工場が点在する一帯だが、深夜とあって辺りは闇に包まれている。そんななか、オックさんが働く化粧品工場だけが明るい光を放っていた。

「仕事は0時から朝8時まで続きます。途中で1時間の休憩があるので、アルバイト代が支払われるのは7時間分です。だけど、行き帰りの時間などを含めると、10時間もかかってしまう」

化粧品工場は24時間稼働している。日勤には日本人のパートもいるが、夜勤に就くのは大半が留学生だ。国籍はベトナム、ネパール、バングラデシュなどである。

仕事の内容は、化粧品の箱詰めだ。ラインを流れてくる商品を手に取り、ラベルを貼った後、箱に入れていく。そんな単純作業が夜通し続く。

「簡単な仕事なので、立っていても眠くなってきます。何か考えていないと、寝てしまう。だから、無理して何か考えようとする。日本語学校の授業のこと、ベトナムのこと……。その間にも、どんどん化粧品が流れてくるので、仕事は続けないといけません。そうしているうち、頭がおかしくなってきて……」

肉体的にも、そして精神的にもきつい仕事だ。時給は深夜手当がついても、最低賃金を少し上回る1000円少々に過ぎない。一晩働いても7000円程度である。

「留学生たちは、少し日本語ができるようになるとほかのアルバイトを探します。するとまた、日本に来たばかりで、日本語のできない留学生が入ってくる。でも、（留学生に混じって）日本人も少しだけ働いているんです。おじいさんやおばあさんたち。いったいどんな人たちなのか、かわいそうに思います」

「格差社会」の影響は、日本の高齢者にも及んでいる。日本語のできない留学生と一緒に〝絶望工場〟で夜勤に就き、留学生から「かわいそう」だと言われる高齢者も存在しているのだ。

あるベトナム人留学生の過労死

ブローカーに騙され、多額の借金を背負い来日した後、日本語学校に食いものにされるベトナム人留学生たち――。そんな彼らの一人に悲劇が起きた。

2015年2月のある朝、岡山市内の日本語学校に通うクエット君（23歳）の携帯に友人から電話が入った。

「コンが死んだ」

クエット君は絶句した。コン君（享年26）は同じ日本語学校に通うルームメイトである。ベトナム人の友人と旧正月を過ごすため群馬県に向かう彼を、クエット君は数日前に見送ったばかりだった。

「コン君は亡くなる前夜、友人のアパートで旧正月のお祝いをしていたそうです。そして翌朝、目覚めた友人がコン君を起こそうとすると、もう冷たくなっていた……」

コン君は2013年9月、24歳で日本語学校へと留学するために来日した。ベトナム北部の都市ニンビンの出身で、故郷では漁船の機械工をやっていた。家族は両親と姉、2人の妹がいた。父親は病気がちで、一家を支えていたのはコン君である。

彼もまた出稼ぎ目的の留学生の一人だった。日本に来たのはカネを稼いでニンビンに戻り、自動車の整備工場をつくる夢を追ってのことだ。

クエット君によれば、コン君は日本語学校の同胞から兄のように慕われる存在だったという。

「やさしくて、とても正義感が強かった。困った人がいると、よく相談に乗っていました」

コン君の写真が、クエット君の携帯に残っている。観光名所の日本庭園を一緒に訪れたときのものだ。ニットの帽子をかぶり、青いジャンパーのポケットに両手を突っ込んだコン君が、こちらに向かって微笑んでいる。ハンサムで、周囲から頼られていた感じが伝わってくる。

そんな彼も、一度だけふさぎ込んだことがあった。来日して半年が経った頃、故郷の父が亡くなったのだ。ベトナム人の家族のつながりは、一般的な日本人よりもずっと強い。日本語学校を休み、アルバイトにも行かず、寮に閉じこもる生活が1ヵ月ほど続いた。

だが、いつまでも落ち込んでいるわけにはいかない。コン君は留学費用の150万円を借金している。休んだぶんも取り戻そうと、コン君は必死で働き始めた。

職場となったのがコンビニ弁当の製造工場だ。岡山市内の工場で週2日、加えて週3日は、瀬戸内海を挟んだ先にある香川県の工場まで出向いた。どちらの仕事も夜9時から翌朝6時までの夜勤である。香川県での仕事はクエット君も一緒だった。

「午後7時に集合して、(人材派遣)会社が用意したバスで2時間近くかけて行くんです。バスには20人ほどが乗っていましたが、ベトナム人留学生ばかりだった」

前述のオックさん同様、人材派遣会社のバスで勤務先となる工場へと向かい、夜勤の単純労働に就くというパターンだ。今、日本のあちこちで、こうした風景が展開しているのである。クエット君らが翌朝、瀬戸大橋を渡って岡山に戻ってくるのは8時だ。日本語学校は9時から始まる。徹夜明けで直行したところで、勉強にならなくて当然である。

日本語学校が借り上げたアパートで暮らす約30人の留学生は皆、ベトナム人だった。アルバイト先でも学校でも同胞に囲まれた生活では、日本語が上達するはずもない。

クエット君はすでに日本語学校を卒業し、現在は岡山市内の専門学校に〝進学〟している。しかし、来日から2年以上が経っても日本語はカタコト程度である。

留学生が専門学校に入学するには、日本語能力試験「N２」合格が目安となる。しかし実態は形骸化していて、日本語学校と同様に学費さえ納めれば入学できる学校はいくらでもある。日本人の少子化で定員を満たせない専門学校が、留学生の受け入れで生き残りを図ろうとしているからだ。そうした専門学校に、ベトナムに残した借金を日本語学校在学中に返済できなかった留学生たちが続々と入学していく。

庶民の夢の墓場、その名は日本

亡くなったコン君は、２つの弁当工場での週5日の夜勤以外にも、仕事が見つかれば３つ目のアルバイトまでやっていた。それでも地方の賃金は安く、月収は20万円にも届かなかった。

そんなコン君の死因について、警察は「突然死」として片づけた。しかし彼は、借金と学費の支払いに追われ、寝る間も惜《お》しんで働いていた。疲労の蓄積を思えば、「過労死」だった可能性も否定できない。

コン君が亡くなった後、150万円の借金がベトナムの家族に残された。父親は先に亡くなり、母親には職すらない。そこでクエット君は、フェイスブックを使って同胞に助けを求めた。手を差し伸べてくれたのが、ベトナム人留学生が中心になってつくる「在日ベトナム学生青年協会」（VYSA）である。

VYSAはベトナム大使館が日本で唯一公認する学生団体で、ベトナム人留学生に幅広いネットワークがある。フェイスブックを通じて募金を呼びかけると、わずか2週間ほどの間に約200の個人や団体から63万円が集まった。その後も募金を続けた結果、幸いコン君の借金は完済されることになった。ベトナムから彼の母と姉も来日し、東京で葬儀も行うことができた。すべてはベトナム人留学生たちの善意の賜物である。

それにしても、なぜベトナム人はそこまでして日本を目指すのか。コン君の募金を中心になって進めたVYSA岡山支部のファム・タン・ハイ君（31歳）が言う。

「ベトナムは経済成長を続けていますが、仕事のない若者も大勢いるんです。台湾や韓国に出稼ぎに行く者も多いのですが、賃金は高くない。日本では台湾などより稼げます。日本でベトナム人が働こうとすれば、実習生と留学生の2つの方法がある。2つを比べ、留学生として日本にやってくるベトナム人が多いのです。留学生は実習生と違って仕事も選べるし、うまくいけば日本に残って就職できるかもしれませんから」

ベトナム人でも、富裕層の若者は米国に留学していく。しかし、庶民にとって米国留学は経済的に難しい。そんな彼らにとって、日本だけがチャンスを提供してくれるのだ。だから家族は希望を託し、大金を借りてでも息子や娘を日本へと送り出す。

ハイ君の両親はベトナムで医者をしている。彼自身も医師免許を持っていて、日本の文部科学省の奨学金を得て岡山大学医学部の博士課程に在学中だ。しかし、彼のように出稼ぎを目的としない正真正銘の「留学生」は、ベトナム人の間ではごく少数に過ぎない。私が取材した印象でいえば、おそらく数十人に一人程度といった感じである。

最近になって、コン君のように日本で亡くなるベトナム人留学生が相次いでいる。VYSAが募金に関わるケースだけでも、年に数件はあるという。日本の新聞やテレビではまったく報じられないが、ベトナム人の間ではフェイスブックなどで拡散している。

コン君はみずからの意思で日本にやってきた。日本の法律に違反して長時間働きもした。その意味では、亡くなったことも自己責任である。とはいえ、「留学生30万人計画」などなければ、

〝偽装留学生〟として来日することはなかった。そう考えれば、ある意味、コン君は日本の国策が生んだ犠牲者ともいえる。

六本木ヒルズに集った奴隷労働者

２０１５年４月──。東京・六本木ヒルズの一角にあるホールで、新たに来日したベトナム人留学生を対象にしたオリエンテーションが開かれていた。主催は日本語学校を統括する「日本語教育振興協会」（日振協）である。オリエンテーションは午前と午後の部に分かれて行われ、参加したベトナム人留学生は合わせて８００人にも上った。

スピーチを行った在日ベトナム大使館の担当者には、会場の留学生からベトナム語でこんな質問が相次いだ。

「仕事はすぐに見つかりますか？」

「どうすれば、ベトナムに残した妻と一緒に暮らせますか？」

「家族を日本に呼び寄せるには、どうすればいい？」

そんな光景を眺《なが》めながら、先輩留学生として会場にいた青山学院大学大学院生のドュアン・ホン・チャンさん（24歳）はため息が出そうになった。

「質問の内容からしておかしいですよね。留学生には30歳近い人や既婚者も大勢いました。明らかに出稼ぎが目的なのです」

オリエンテーションに集まっているのは、どう見ても出稼ぎ目的の〝偽装留学生〟ばかりなのである。

チャンさんは、外交官の母親の赴任《ふにん》先だった東京で小学生時代を過ごした。その後、いったんベトナムに戻ったが、大学から再び日本に留学している。

会場となった「六本木ヒルズ」は、日本有数のお洒落《しゃれ》な場所だ。そこでオリエンテーションを受けたベトナム人たちの多くが、徹夜の〝奴隷労働〟に就くことになる。その落差がなんとも物悲しい。

留学生で生き長らえる悪徳大学

こうした〝偽装留学生〟の急増を「ビジネスチャンス」と捉えているのは日本語学校や専門学校だけではない。大学までもが受け入れに乗り出し始めている。

少子化によって、私立大学の半数以上は定員を満たせていない。そうした大学にとって、留学生の受け入れは生き残りの最終手段だ。たとえ目的が出稼ぎであろうと、喜んで受け入れる悪徳な大学があっても不思議ではない。

「留学生10万人計画」が2003年に達成される過程で問題となった「サテライトキャンパス」

も、10年余りを経て復活しつつある。

サテライトキャンパスとは、大学が本部とは別に利便性の高い場所につくる分校のことだ。「10万人計画」の頃には、日本人学生が集まらない地方の短大などが次々と都心に設けた。「東京」を売りものに、出稼ぎ目的の中国人を受け入れるためだ。授業は形式に過ぎず、留学生たちもビザ取得のために利用した。地方では見つかりにくいアルバイトも、都心には当時からいくらでもあった。同じことが現在、ターゲットを中国人からベトナム人に替えて起き始めている。

九州に本部を持つN大学が東京・渋谷に設けたキャンパスなどは、明らかにこのケースだ。同キャンパスの学生は、留学生が9割以上を占める。少し前までは中国人が大半だったが、この2～3年でベトナム人が急増している。

「学費がほかの大学よりもずっと安く、都心にあってアルバイトが探しやすい。しかも大学なのに日本語がまったくできなくても入学でき、専門学校よりも長い4年間のビザが手に入る」

そんな話がベトナム人に広まって「人気」となっているのだ。事実、N大学の学費は入学金を含めて80万円程度で、ほかの私立大学よりも5割程度も安い。これでビザを手にでき、在学中の4年間働けるのだから、まさに〝偽装留学生〟にはもってこいの大学である。

興味を持った私は、N大学の入学式に潜入してみることにした。ベトナム人留学生から入学式の日時と場所を聞き出し、日本人学生の父兄を装って現場へと向かった。

入学式が開かれるのは区のホールである。受付はチェックもなく通過でき、ホール2階に設けられた父兄用の席へと案内された。式を観にきている父兄は20人ほどしかいない。日本人の学生などごく少数なのだから無理もない。一方、1階の席は400人以上の新入生でぎっしり埋まっている。その大半がベトナム人をはじめとする留学生である。

式は「君が代」の斉唱で始まった。「起立!」の掛け声とともに、新入生たちが立ち上がる。しかし、伴奏のメロディーが会場に流れ始めても、日本の国歌など知らない彼らはキョロキョロするだけだ。そんななか、壇上の大学関係者や来賓だけが口を動かしている。

式の途中で、安倍晋三首相と下村博文《しもむらはくぶん》文部科学大臣(当時)の祝電が高らかに読み上げられた。実態を知ってか知らずか、安倍政権に加えて文科省までお墨付きを与えているのだ。この大学は、かつて定員の10倍以上の学生を入学させて問題となったが、名称を何度か変えて生き残ってきた悪名高い大学だ。そんなこともあってか、政府から交付される「私立大学等経常費補助金」の申請すらしていない。

ベトナム人のホアン君(24歳)は、この大学の2年生だ。彼はベトナム人としては珍しく、勉学が目的の留学生である。3年前に来日し、アルバイトをしながら日本語学校での勉強を両立させてきた。しかし、目指していた国立大学には不合格となり、N大学へと進学した。N大学の学費は私立では断トツに安い。そこでとりあえずN大学に入学してビザを確保し、再び国立にチャレンジしようと考えたのだ。

ホアン君の学年はクラスが20あって、日本人と留学生は別のクラスに分かれている。日本人のクラスは2つだけだ。

「僕のクラスは30人ほどですが、半分くらいが中国人で、ベトナム人は約3割。ほかはネパールとミャンマーの留学生がいる。大学では、日本人と話したりする機会はまったくありません」

授業は日本人と別々に受け、クラブやサークル活動もほとんど行われていない。そもそもN大学は、出稼ぎ目的の〝偽装留学生〟で成り立つ大学なのだ。日本人学生と交流する暇のある留学生は少ないだろう。

「授業には半分ほどの留学生しか出席しません。ほかの人はアルバイトをしているのでしょう。でも、授業に出席していても、先生の話を聞いている人はほとんどいない。これでは僕が前に通っていた日本語学校と同じです」

日本人にそっぽを向かれ、留学生の受け入れで生き残りを図る専門学校や大学は今後も増えていくはずだ。なり振り構わず生き残ろうと、都心に「サテライトキャンパス」を設ける動きも加速していくに違いない。日本語学校を入り口に、専門学校、さらには大学までもが、途上国の若者たちを食いものにしていこうとしている。

〝偽装留学生〟が不法滞在者に

２０１６年になって、やっと日本語学校をめぐる問題が表面化し始めた。警察が重い腰を上げ、日本語学校の取り締まりを始めたからである。

1月、福岡県直方《のおがた》市にある日本語学校「ＪＡＰＡＮ国際教育学院」の経営者が、みずからの学校の留学生にアルバイトを紹介し、法律が定める上限以上に働かせていたとして福岡県警に逮捕された。容疑は入管難民法違反（不法就労助長）である。

ＪＡＰＡＮ国際教育学院には約１８０人の留学生がいた。その「ほぼ全員が違法な長時間就労をし、平均時間が制限の2倍近い週約50時間」（２０１６年2月11日毎日新聞電子版）にも及んでいたという。

しかし、この日本語学校が特別なケースでないことはもうおわかりだろう。「週28時間以内」というアルバイトの制限など、守っている者のほうがずっと少ない。日本語学校によるアルバイトの紹介も当たり前のようになされ、法律を破って斡旋料まで取っている学校も数多くある。

経営者は警察の調べに対し、アルバイトを斡旋した理由についてこう述べている。

「学費をきちんと納入させるなど学校経営のためでもあるし、（アルバイト代を得る）学生のためでもあった」（同前）

経営者としては、留学生と持ちつ持たれつの共犯だったと言いたいのだろう。留学生は日本語学校を利用し、出稼ぎのためのビザを手に入れる。そして彼らの存在のおかげでビジネスが成り立つ日本語学校は、アルバイト先までも紹介していた。

しかし、日本語学校と留学生は「共犯関係」などにはない。私に言わせれば、「鵜飼《うか》い」と「鵜」のようなものだ。鵜は鵜飼いの操作で水に潜《もぐ》り、魚を取っては鵜飼いに届ける。それと同様に、留学生もアルバイト代を「学費」や「寮費」として日本語学校に納め続ける。共犯を装《よそお》いながら、実は日本語学校が留学生を食いものにしているだけなのだ。

経営者逮捕直後の毎日新聞（同年1月23日電子版）には、留学生のアルバイトについてこう解説されている。

〈留学生の就労は原則として学業に専念させるため禁止されているが、学費などをまかなう目的のアルバイトは例外的に認められている。入管当局によると、各地の入国管理局事務所で在留許可証を提示し、申請書を出して許可を得れば、風俗店などを除き週28時間までは働くことができる〉

こんな建て前の解説では、留学生が置かれている実態など何も伝わらない。

「週28時間以内」という法律を守っていれば、留学生は日本での生活を続けていけない。つまり、現状の制度は、母国からの仕送りがない留学生を想定していないのだ。その点について踏み込まなければ、現在起きている留学生の違法就労問題、そして彼らが置かれた悲惨な状況については理解できない。

留学生は一応、学校にアルバイト先を届ける決まりになっている。しかし、1つのアルバイト先だけ学校に届け、2つ以上のアルバイトをかけ持ちすることは簡単にできてしまう。日本語学校やアルバイト先の都合もあってのことだ。

さらに、学費の支払いを逃れようと、学校から失踪《しっそう》して不法滞在の道を選ぶ留学生が急速に増えている。その数は2015年には前年より22パーセント増え、3422人に上った。不法滞在者は外国人全体で約6万3000人だが、同年の増加率は5パーセント以下である。

悪質な日本語学校になると、留学生の失踪を防ごうとして、パスポートを取り上げている学校もある。パスポートの取り上げは、外国人実習生を雇用する現場でも問題になってきたが、同じことが留学生にも起きているのだ。それでも日本語学校から逃げ出す留学生は後を絶たない。

不法滞在者となって働くことは、留学生にとってもリスクを伴う。日本語学校にいたときよりも仕事は見つかりにくいだろう。入管当局に見つかれば、母国へ強制送還にもなってしまう。そんなリスクを承知で不法滞在の道を選ぶのは、彼らが日本語学校の食いものになっていることのなによりの証《あかし》だ。

「天国のような国」の現実

これが今、「留学生30万人計画」のもとで起きている現実である。それでも政府は、同計画が「日本のグローバル化」に貢献すると言い張るのだろうか。

現在増えている留学生の大半は、出稼ぎ目的で来日している〝偽装留学生〟なのだ。その中心にベトナム人たちがいる。いくら日本に滞在したところで、日本語が上達するわけでもない。言葉の要《い》らないアルバイトを徹夜でやって、日本語学校では寝ているのだから無理もない。日本人が嫌がる仕事を任せる単純労働者としては重宝しても、日本企業の海外進出で戦力となるような人材などには成り得ない。

安倍政権になって以降、とりわけベトナム人へのビザ発給が緩んでいる。その背景には、「中国」への意識もあるのかもしれない。ベトナムは歴史的に反中感情の強い国で、日本と同様に中国との間で領土問題も抱えている。そんなベトナムに「留学ビザ」の大盤振る舞いで恩を売り、さらに日本へと引き寄せようとしているようにも映る。

しかし、それが政策判断なのだとすれば、むしろ逆効果を生んでしまっている。留学生たちは日本で〝奴隷労働〟を続けるうち、被害者としての意識に目覚める。そして日本に憧れを抱いて来日した若者たちが、次第に「反日」へ変わっていくのだ。

本章の冒頭で紹介したフーンさんは、来日前、日本を「天国のような国」だと思っていたという。ベトナムよりずっと豊かで、誰もが幸せに暮らしている。そこで自分も生活してみたいと考えた。だから、150万円もの借金を背負ってまでやってきたのだ。

「今も、日本は天国だと思っていますか?」

私が尋ねると、彼女は即座に「いいえ!」と否定した。

ブローカーや日本語学校にさんざん食いものにされたのだから、フーンさんの「日本」に対する印象が変わるのも当然だろう。

人手不足で単純労働者が必要だというのなら、真正面から正々堂々と受け入れの是非を議論すればよいことだ。それもせず、「留学」と称して途上国の若者を受け入れ、〝奴隷労働〟にこき使う。その傍《かたわ》らで、日本語学校や専門学校、そして大学までもが、ビザと引き換えに学費を搾取《さくしゅ》する。これでは日本が国ぐるみで「ブラック企業」をやっているのと同じである。結果、ベトナム人たちの犯罪も増えていく。

安倍首相のモットーは世界に誇れる「美しい国」づくりであったはずだ。だとすれば、将来の国益のためにも、「留学生30万人計画」の旗など一刻も早く降ろすべきである。

第2章　新聞・テレビが決して報じない「ブラック国家・日本」

〝奴隷労働〟が支える新聞配達

「外国人技能実習制度」（実習制度）で来日した実習生が、日本でひどい待遇を受けているとの報道は多い。「実習」という名のもと低賃金・重労働の仕事に就き、しかも残業代の未払いやパスポートの取り上げといった人権侵害を受け、悪い企業の餌食《えじき》になっているというのだ。欧米の人権団体などには、日本の実習生を「現代の奴隷」と呼ぶところまである。

しかし私に言わせれば、出稼ぎ目的の留学生たちが置かれた状況のほうが、実習生よりもずっとひどい。第1章で見たように、彼らは多額の借金を背負い入国し、実習生もやらない徹夜の重労働に明け暮れる。そうして稼いだアルバイト代も、留学先の日本語学校などに吸い上げられるのだ。

現在、日本で最底辺の仕事に就き、最も悲惨な暮らしを強《し》いられている外国人は、出稼ぎ目的の〝偽装留学生〟たちだと断言できる。

実習制度の問題については頻繁に取り上げる新聞やテレビも、留学生の実態についてはほとんど報じない。確かに〝偽装留学生〟たちは「留学」と偽って日本で働こうとしたかもしれない。だが、そんな彼らを餌食にしているタチの悪い輩《やから》が存在する。日本語学校は留学生たちからボッタクリ、企業は〝奴隷労働〟を強いている。にもかかわらず、メディアは知らんぷりである。

新聞やテレビが留学生問題に触れないのには理由がある。それは、そもそも新聞が、留学生たちの〝奴隷労働〟に支えられているからだ。

新聞配達は、人手不足が最も進んだ職種の1つになっている。留学生の存在なしには、配達すらできない現場も少なくない。とりわけ都会では、配達員がすべて留学生という新聞販売所まであるほどだ。

かつて都会の新聞配達といえば、地方出身の日本人苦学生によって成り立っていた。大手紙の新聞奨学生となれば、大学や専門学校の学費は負担してもらえ、そのうえ衣食住も保証された。しかし、最近では希望者が激減している。新聞配達の仕事では、真夜中から早朝にかけて朝刊、加えて午後には夕刊の配達も待っている。人手不足でアルバイトなど選び放題の時代、若者に敬遠されるのも当然だろう。

そうした日本人の働き手の減少を補っているのが、ベトナムをはじめとする途上国出身の留学生たちなのである。

もちろん、留学生が新聞を配達しようと構わない。しかし、新聞配達の仕事は「週28時間以内」では終わらない。つまり、留学生たちは初めから違法就労を強いられることになる。

こうした留学生の問題を紙面で取り上げれば、みずからの配達現場で横行する「違法就労」にも火の粉が及ぶ。そのことを恐れ、新聞は「留学生」がいくら日本でひどい目に遭《あ》っていようが、記事にしようとはしない。そして、新聞社と資本関係のあるテレビ局も、新聞に気を遣い、留学生問題については触れない。

新聞配達の現場で今、何が起きているのか。私は東京都近郊の朝日新聞販売所の経営者と交渉し、ベトナム人留学生の新聞配達に密着取材させてもらうことにした――。

ベトナム人で維持する新聞販売所

午前3時、シーンと静まり返った住宅街に原付バイクのエンジン音が響いていた。ハンドルを握るアン君（20代）は、1年前にベトナムから来日し、日本語学校に通いながら新聞配達を続けている。

奨学生としての生活は厳しい。午前2時に起きて朝刊を配り終えた後、午前中は日本語学校で授業を受ける。そして午後から夕方にかけては夕刊の配達がある。その後、アパートに戻って夕食を食べ、日本語学校の宿題と向き合う。睡眠時間は毎日3時間ほどだ。仕事が休みになるのは月4日と新聞休刊日だけで、大晦日《おおみそか》も元旦も配達があった。

「スピード、大丈夫ですか？」

バイクを後ろから自転車で追いかける私を気遣い、アン君がマスク越しに声をかけてきた。柄モノのマスクはベトナムに残した彼女からのプレゼントだ。

気温は零度近くまで冷え込んでいた。アン君の顔はマスクとマフラー、ヘルメットで隠れている。新聞配達の姿を見ても、彼が外国人だとわかる人はほとんどいないだろう。

配達する朝刊は約３５０部、夕刊が２００部以上に及ぶ。外国人であっても、配達部数は日本人と変わらない。バイクのカゴと荷台に分けて積む新聞の重さは約20キロ。１回ではすべて積みきれず、配達の途中で販売所に戻って積み直さなくてはならない。

「朝、起きるのは大丈夫です。でも、雨の日は大変。風の（強い）日も大変です」

アン君はベトナムでも日本語学校に通っていたが、言葉はまだ流暢《りゅうちょう》とは言いがたい。配達先の表札にも読めない漢字は多い。そのため仕事中は、いつも「順路帳」が手放せない。絵と記号を使って、配達の順路が記された帳面である。

バイクを止めては前のカゴから新聞を抜き取り、配達先のポストに入れていく。そんな作業が延々と続く。

４時半頃になると、空が白んできた。しかし、道行く人は皆無だ。聞こえてくるのは、他紙の配達員が運転するバイクの音だけである。そんななか、１軒の配達を終えたアン君が、踵《きびす》を返して私に尋ねてきた。

「新聞配達がいちばん楽しい日は、いつか知っていますか？」

答えに窮《きゅう》していると、彼は笑顔で言った。

「雪の日です。配達に10時間もかかりました」

最初は皮肉かと思ったが、配達を終えた後に話を聞いて理解した。

アン君は以前、大雪のなかで配達したことがあった。ベトナムの故郷では、ほとんど雪は降らない。何度もバイクで転んでしまったが、それでも配達をしないわけにはいかない。仕方なく歩いて配達していると、見かねた近所の人たちが次々と手伝ってくれたのだという。

日本にやってきてからずっと、アン君は販売所と日本語学校の往復だけの生活を送っている。接する機会のある日本人といえば販売所の従業員と日本語学校の教師や職員くらいで、日本人の友だちも一人もいない。そんな彼にとって、思わぬかたちで経験することになった日本人のやさしさが身にしみたのだった。

アン君が働く販売所では、数年前からベトナム人奨学生を受け入れてきた。販売所を経営する男性は、彼らの働きぶりに満足しているという。

「ベトナム人の若者は皆、真面目です。不着（配達漏れ）もほとんどなく、むしろ日本人よりも優秀。ベトナム人抜きでは、うちの店はもう成り立ちません」

男性の販売所には10の配達区域があるが、そのうち8つはベトナム人留学生の担当だ。確かに、ベトナム人抜きでは「成り立たない」状況である。

アン君は、朝日新聞販売所に奨学生を送り込む「朝日奨学会」に採用された後、この販売所に配属された。朝日奨学会では、彼のような外国人奨学生のことを「招聘《しょうへい》奨学生」と呼ぶ。招聘奨学生となると、日本人の奨学生と同様、学費を負担してもらえ、アパートも提供される。

一方、販売所にとっては、日本人よりも外国人の奨学生を採用したほうが金銭的なメリットがある。日本人奨学生の場合、奨学金と給料、アパート代などで月25万〜26万円程度の負担となるが、外国人だと月４万〜５万円ほど少ない。外国人が通う日本語学校は、大学よりも学費が安いからだ。

そもそも、最近では日本人の若者で新聞奨学生を希望する者は少ない。珍しく希望者がいて採用しても、仕事が嫌になって短期間で辞めてしまうケースが多い。販売所を逃げ出しても、ほかにアルバイトはいくらでもある。

その点、外国人の場合は、途中で逃げ出す心配がない。人生をかけて来日している彼らは、簡単に日本を離れるわけにもいかない。販売所を辞めたところで、学費が免除され、しかも衣食住の心配もない新聞奨学生を上回るアルバイト先など、そうそう見つからないからだ。

社会人の日本人を雇えば、奨学金の負担はなくなる。ただし、販売所の仕事はアパート付きが基本だ。フルタイムで一人雇えば、首都圏では最低でも月30万円前後はかかってしまう。それでも日本人を雇いたい販売所は多いが、希望者は現れない。そのため仕方なく、外国人に頼る状況が生まれている。

新聞販売所で働く外国人留学生のなかでも、際立って多いのがベトナム人だ。とりわけ朝日新聞の販売所では、ベトナム人頼みの状況が著しい。朝日奨学会東京事務局が、組織的にベトナム人を奨学生として採用しているからだ。この2〜3年は毎年春と秋、100人単位での受け入れが続いている。ちなみに同事務局で採用する日本人奨学生は、1年で100人にも満たない。つまり、ベトナム人奨学生の数が日本人の2倍以上に達しているのだ。

日本留学ブームを生んだ朝日新聞

朝日奨学会が招聘したベトナム人は、2年間にわたって日本語学校に通いながら新聞配達の仕事に就く。なかには、日本語学校を卒業した後も、専門学校や大学に進学して新聞配達を続ける者もいる。

最近では朝日奨学会とは無関係に、個々の販売所が来日中のベトナム人留学生をアルバイトとして雇うケースも急増中だ。そうしたアルバイトを含めれば、首都圏の朝日新聞販売所だけで少なくとも500人以上のベトナム人が働いていると見られる。

仮に500人が一人300部の新聞を配達していれば、首都圏の朝日新聞だけで15万部がベトナム人によって配られていることになる。それにしても、なぜ「朝日」と「ベトナム人」なのか。

朝日奨学会による外国人奨学生の受け入れは、もともと「中国人」がターゲットだった。1982年、朝日新聞東京本社と「中国の関係機関が、友好事業の一環」（朝日奨学会東京事務局）として始めたのである。

その後、中国のほかにも韓国やモンゴルからも新聞奨学生を受け入れるようになる。だが、これらの国からの受け入れは盛り上がらなかった。そんななか、唯一成功したのが「ベトナム」だった。

ベトナム人が奨学生として受け入れられ始めたのは、1990年代初めのことだ。きっかけは、朝日新聞系の週刊誌「アエラ」に載った一本の記事だった。記事では、当時としては珍しく日本に留学経験のあるベトナム人が、母国でつくった日本語学校が紹介されていた。その記事を見た朝日新聞販売所の経営者が、日本語学校の校長に会うためわざわざ現地を訪ねた。

バブル期ではあったが、販売所に人が足りないわけではなかった。事情を知る関係者によれば、その経営者は純粋にベトナム人の人材育成を目指していたのだという。

「日本が貧しかった時代、朝日に限らず新聞奨学生は、地方の若者にとってはありがたい制度でした。恵まれない家庭の子どもたちでも、都会の大学で勉強することができた。彼（経営者）も元新聞奨学生なんです。1990年代初めのベトナムは、今にもまして貧しかった。日本語学校で勉強しても、日本に行くチャンスなどほとんどありません。そんな若者たちに彼は、日本で学べる道を開こうとしたのです」

経営者と日本語学校の校長は意気投合した。そして帰国後、経営者が朝日奨学会に話をつけ、ベトナムからも招聘奨学生を受け入れることになった。

ベトナム人奨学生の受け入れだけが成功したのも、この経営者の存在が大きかった。奨学生は来日後、新聞配達に必要な原付バイクの免許を取得する。もちろん、試験は日本語で受ける。そのサポートから始まって、仕事を始めた後の悩みの相談まで、経営者はまさに親代わりとなって時間を割いた。

一方のベトナム人たちも、招聘奨学生となる道をつくってくれた経営者や販売所、さらには出身校であるベトナムの日本語学校の期待に応えようと、懸命に仕事と勉強の両立に励んだ。その結果、日本語学校を卒業後、国立大学に合格するような奨学生も相次いだ。そんな話がベトナムに届くと、現地の日本語学校にはさらに優秀な学生が集まるようになっていく。ベトナムでは政府関係者の子弟でもなければ、海外留学など高嶺《たかね》の花だった。しかし、新聞奨学生になれば、日本という先進国への留学の道が開かれるのだ。

販売所でも、ベトナム人は次第に評価されていった。働きぶりは真面目で、しかも学業でも優秀な成績を収める。奨学会がベトナムの同じ日本語学校に絞《しぼ》って受け入れていたこともよかった。仕事や勉強、生活面に至るまで先輩が後輩に指導する態勢ができたことで、販売所から逃げ出して不法就労に走るような者もいなかった。

こうして朝日新聞を通じ、ベトナム人が日本に留学する道が開かれた。するとベトナムの若者の間で、「日本に行けば、働きながら勉強できる」という噂が広まっていく。もちろん、朝日の招聘奨学生の場合は、あくまで「仕事」よりも「勉強」がメインである。しかし、そのほかの留学希望者は必ずしもそうではない。時が経つうち「仕事」と「勉強」の比重がすっかり逆転し、「日本に留学すれば働ける」という話に変わっていく。

一方、日本では人手不足が急速に進んだ。政府も２００８年に始めた「留学生30万人計画」の実現に向け、途上国出身者であっても留学生を喜んで受け入れた。そんな日本の状況に目をつけ、ベトナムでは留学を斡旋するブローカービジネスが広まった。そして「日本留学ブーム」が巻き起こる。つまり、現在のブームに火をつけたのは「朝日新聞」だったのである。

留学生を送り込むブローカー

朝日奨学会によるベトナム人奨学生の受け入れが大成功すると、各紙の新聞販売所で「留学生」が注目を集めるようになった。過去数年間で朝日に限らず販売所の人手不足が深刻化したからだ。

出稼ぎ目的で来日している〝偽装留学生〟にとっても、新聞販売所の仕事は悪くない。第1章で述べたとおり、日本語のできない留学生が就ける仕事は限られる。多くは徹夜の重労働で、時給は最低賃金レベルである。しかも「週28時間以内」という留学生アルバイトの制限をかいくぐるためには、2つ以上の仕事をかけ持ちする必要がある。その点、1つの仕事で月20万円近くを稼げる新聞配達は、留学生には魅力的なのだ。

留学生を販売所に斡旋する業者も生まれた。そうしたブローカーはベトナム人に限らず、さまざまな国から来た〝偽装留学生〟たちを販売所に斡旋する。最近では、新聞販売所で働く留学生の国籍もかなり多様になった。ベトナムに加え、ネパールやインドネシア、ミャンマーなどの出身者もよく見かける。

現地の日本語学校と提携し、組織的に販売所に留学生を斡旋するような業者もある。ビザ取得のため日本の日本語学校に留学させ、新聞配達の仕事に使うのだ。朝日奨学会がベトナムで始めたビジネスモデルを真似てのことである。

だが、新聞配達の仕事は決して楽ではない。朝日奨学会によるベトナム人の受け入れがうまくいったのは、前述したように関係者らの全面的なバックアップがあったからなのだ。

ブローカーが斡旋する他の留学生たちには、そうした支援は望めない。日本語にも不自由な外国人が、いきなり販売所に放り込まれるのだ。販売所で働く日本人とコミュニケーションは取れず、仕事もなかなか覚えられない。原付免許もないため、配達は自転車でやることになる。仕事の大変さは原付の比ではない。新聞配達に自転車で密着した私にはよくわかる。

当然、配達時間も長くなる。嫌になって仕事を辞め、さっさとほかのアルバイトへと移っていく留学生も少なくない。すると販売所は、また新たに留学生を探す必要に迫られる。そうした悪循環も、人手不足のなかで生まれている。

もちろん、新聞を留学生が配ること、それ自体に問題はない。だが、違法就労が横行しているとなれば話は違ってくる。

違法就労と残業代未払い

私が仕事に密着したアン君の朝刊配達は、午前6時に終わった。午前2時に出勤し、広告の折り込みなどをした後、配達に3時間少々かかった。朝の仕事時間は約4時間である。その後、夕刊の仕事を午後2時から始めた。配達を終えたのが午後5時だ。この日の労働時間は合わせて7時間だった。そしてアン君は週6日働いている。

日曜日は夕刊がない。しかし、休みが日曜と重なるときもある。また、夕刊配達を終えた後、翌日の朝刊分の広告の折り込みなどで居残るケースも少なくない。アン君によれば、仕事時間は平均して「週40時間」程度になるという。

新聞奨学生も「留学ビザ」で来日している。新聞配達はアルバイトという扱いだ。そのため仕事は「週28時間以内」しか許されない。アン君の場合、週12時間は違法に働いていることになる。

アン君だけが特別なのか。それを確かめようと、私は50人以上のベトナム人に直接会って話を聞いた。ＯＢを含め皆、首都圏の朝日新聞販売所で奨学生として働いた経験者である。

労働条件は配属された販売所によって大きく違った。配達する朝刊の数も３００部から５５０部程度まで開きがあった。新聞配達だけでなく、チラシのポスティングや古紙回収、朝日奨学会が外国人奨学生にはやらせないよう指導している集金業務までやっている者もいた。また、新聞の配り忘れである「不着」１軒につき、販売所から数百円の罰金を取られていたりもする。経営者の方針次第で、仕事の中身から待遇までまったく違ってくるのである。

ただし、１つだけ共通していたことがある。それは私が取材したベトナム人の奨学生経験者全員が「週28時間」を超える仕事をしていた、ということだ。なかには、週50時間近くも働いている奨学生もいる。

もちろん、朝日新聞の販売所で働くベトナム人奨学生のすべてが法律に違反していると言うつもりはない。しかし少なくとも、アン君が特別なケースでないことは確かである。

朝日奨学会は販売所に文書を配布し、「週28時間」の労働時間を守るよう求めている。だが、実態はまったく伴っていない。アン君が働く販売所の経営者も、彼が週28時間以上の仕事をしていることを認めた。

「確かに、法律に定められた時間以上の仕事をベトナム人奨学生はやっています。ほかの店に聞いてもらっても同じだと思いますよ。そもそも（奨学会が販売所に求める）一日5時間（週5日、夕刊のない日曜は3時間で計28時間）では販売所の仕事は終わりません。配達の現場を多少でも知る人なら、誰でもわかっているはずですけどね」

　ほかにも数人の販売所経営者に話を聞いたが、答える内容はほぼ同じだった。販売所の仕事は、とても「週28時間以内」で終わるようなものではないのだ。留学生に法律を守らせようとすれば、彼らの仕事だけを減らし、特別扱いする必要が生じる。だが、そんな余裕は今の販売所にはない。

　この数年で、新聞販売所の経営は軒並み悪化している。定期購読者と広告の両方が減っているからだ。アン君が働く販売所では、毎日約1500部が売れ残る。朝日から購入する朝刊の実に3割に達する数である。こうして売れ残る新聞のことを、関係者は「残紙」と呼ぶ。

　なぜ、売れもしない新聞を販売所は新聞社から購入するのか。そこには販売所と新聞社の力関係が影響している。売れ残るからといって、販売所は簡単には新聞社に部数カットを言い出せない仕組みなのだ。ちなみに、朝日に限らず新聞社の「公称部数」は、こうした残紙も含んだ数字である。

購読者が減ったため、アン君の販売所では最近になって配達の区域分けを1つ減らした。そのぶん一人が担当する区域は広がり、配達部数と労働時間が増えた。

なにもアン君の働く販売所に限った話ではない。経営状態が悪化しているため、どこの販売所でも人件費は安く抑えたい。たとえ留学生が日本人より安価な労働力であっても、無制限に数は増やせないのだ。

実は、「週28時間以内」という労働時間の制限は、ベトナム人を雇う販売所にとっては都合がよいシステムでもある。実際にはそれ以上の仕事をしていても、法律を逆手《さかて》に取って残業代を支払わないですむ。週28時間を超える分の残業代を出せば、販売所が公に法律違反を認めたことになるからだ。こうして日本人には残業代が支払われても、ベトナム人は「未払い残業」に甘んじることになる。

日本人から浴びせられる罵声

「週28時間以内」というルールは、日本側の都合で決められたものである。たとえ仕事時間が制限を超えようと、残業代が支払われればベトナム人は喜んでやるだろう。彼らは月収が1万〜2万円という国から来ている。残業代の有無は日本人が考える以上に大きな問題だ。

しかも日本人とは待遇面で差別されてしまう。そうした「格差」こそ、彼らが不満を募らせる最大の要因となっている。

休日にしても、日本人奨学生は「月6日」だが、ベトナム人は「週1日」しか与えられない。以前は外国人も日本人も関係なく「週1日」だったが、あまりにも日本人奨学生が集まらないため、2015年度から朝日奨学会が規定を変えたのだ。また、2年間の契約期間中は、ベトナムへの一時帰国も原則許されない。奨学会がそう定めているのである。

「不満はたくさんあります。でも、言えません。問題を起こせば、ベトナムに送り返されてしまうからです」

そう語るのは、首都圏の朝日新聞販売所で働いて3年目のベトナム人、グエン君（20代）だ。彼はベトナム人の新聞奨学生としては珍しく、ベトナムで大学を卒業した後に来日している。大学は理系の秀才が通うエリート校である。

グエン君は、大学を出た後、朝日奨学会と提携関係にある日本語学校へと入り直した。日本に「留学」できるチャンスを求めてのことだ。

現在、同奨学会と提携するベトナムの日本人学校は数校に膨らんでいる。そのなかには、日本行きが決まった学生から多額の「手数料」を取るような学校もある。留学生を日本へと斡旋する業者と同様、現地の日本語学校もブローカーと化しているのだ。

グエン君の学校もそうで、彼は借金して数十万円を支払った。そこまでして新聞奨学生となったのは、日本での留学を将来の仕事に活かしたいと考えたからだった。

日本語学校で2年間にわたって学んだ後、東京の私立大学へと進学した。新聞配達の仕事をしながら寝る間を惜しんで勉強し、日本語能力試験で最高レベルの「N1」にも合格した。N1取得は、漢字に馴染《なじ》んだ中国人などには珍しくないが、ベトナム人としては極めて稀《まれ》だ。

そんなグエン君も日本では「カルチャーショック」に苦しんできた。最もつらい思いをしたのが、販売所で働く日本人の同僚たちの態度だった。

グエン君ほど優秀な若者であっても、当初は日本語のハンディは大きかった。仕事も最初からできたわけではない。すると同僚たちから、容赦《ようしゃ》ない言葉が飛んできた。

「ふざけんな、この野郎！」

「バカ！」

「ベトナムへ帰れ！」

いくら罵声《ばせい》を浴びせられても、グエン君は黙って耐えてきた。ここで逃げ出せば、ベトナムの借金だけが残ってしまう。また、ベトナムの後輩たちのことを考えても、簡単に逃げ出すことはできなかった。

母校の日本語学校には、新聞奨学生として日本に行くことを夢見る後輩が大勢いる。自分が販売所で問題を起こせば、彼らに悪影響が及びかねない。そう考えて、何があってもがまんしてきたのだという。

朝日奨学会と提携関係にある日本語学校は、ベトナムでも有数の学校ばかりだ。ベトナムの優秀な大学に進学できる学力がありながらあえて日本語学校へと進み、日本留学を目指しているような学生も少なからず存在する。日本では現在、出稼ぎ目的のベトナム人留学生が急増中だが、彼らとはわけが違う。そんな学生の中から、さらに選《え》りすぐられた人材が奨学生として採用される。つまり、ベトナムでも「エリート」と呼べる人材が来日しているのだ。

一方、新聞販売所では、「エリート」とは縁遠い人生を送ってきた日本人が多く働いている。そこにベトナム人奨学生たちが放り込まれ、「ベトナム人」というだけでバカにされ、罵《のの》りの言葉を投げつけられる。能力的には決して劣っているわけではない。にもかかわらず、日本人が嫌がる仕事を、明らかに自分よりレベルの低い人間たちと一緒にやらなくてはならないのだ。そうした境遇の理不尽さについて、彼らが恨《うら》みの感情を持ったとしても不思議ではない。

グエン君は、近く販売所の仕事を辞めるつもりでいる。

「体力的にはまったく問題ありません。でも、精神的に限界なんです……」

朝日奨学会によるベトナム人リクルートのビジネスモデルは、そう長くは続かないはずだ。日本とベトナムの経済格差は今後、どんどん縮まっていくだろう。そしてある一定のラインを超えたとき、ベトナム人の若者も日本での新聞配達などやらなくなる。日本人にとって嫌な仕事は、ベトナムのような途上国の出身者であろうと、好き好んでやりたい仕事ではないのである。

木で鼻をくくった朝日の対応

外国人留学生を採用している販売所は、なにも朝日新聞に限った話ではない。だが、朝日の成功がなければ、ベトナムをはじめとする外国出身の留学生がこれほど新聞配達の現場に受け入れられることもなかった。そして「週28時間以内」という制限を超える違法就労が横行することにもならなかったに違いない。

朝日新聞が「弱者の味方」であることは、自他ともに認めるところだ。外国人労働者の問題ひとつ取っても、実習生などを擁護《ようご》する視点の記事が目立つ。本来であればみずから率先し、留学生の違法就労問題も取り上げ、「週28時間以内」というルールの是非、さらには出稼ぎ目的の〝偽装留学生〟が急増している実態についても報じるのが筋だろう。しかし、そうした気配はまったくない。

このテーマについて私が「週刊新潮」で追っていた際、朝日新聞東京本社に取材を申し込んだことがある。しかし本社は取材に応じず、朝日奨学会事務局へと回されることになった。そして同事務局は対面でのインタビューを拒否し、私の質問に書面で以下のように、まさに木で鼻をくくった回答を寄せてきた。

——朝日新聞と朝日奨学会の関係は。

「資本関係はありません」

——朝日奨学会東京事務局には現在、朝日新聞社の出身者は何名在籍し、いかなる肩書があるのか。

「公表していません」

——朝日奨学会が過去に受け入れてきた外国人奨学生の国籍と数は。

「公表していません」

——朝日奨学会による外国人奨学生の受け入れは、まず中国との間で始まったのは事実なのか。開始された年度、経緯とは。

「当会による招聘外国人奨学生の受け入れは、中国からの受け入れが最初です。当時の朝日新聞東京本社販売局と中国の関係機関が、友好事業を進める一環で、１９８２年に始めました」

——ベトナム人奨学生の数が増えている理由とは。

「ベトナムの若者の間で日本語学習熱が高まり、日本の学校で働きながら学ぼうという高校卒業生の応募が増えているためと見ています」

——朝日奨学会に応募した日本人の数、採用された奨学生の数は。

「公表していません」

――外国人奨学生の待遇は「完全週休制（4週4休）」なのに、日本人奨学生は「隔週2日制（4週6休）」と差がある。なぜか。

「招聘外国人奨学生の文化・生活習慣を考慮して、日本人奨学生と異なる要項に基づいて受け入れていますが、給与待遇（時間給計算）は同じです」

――朝日奨学会は朝日新聞販売所に対し、外国人奨学生の労働時間を「すべての業務を含めて一日5時間以内」「週28時間以内」とするよう求めている。しかし、数十人の外国人奨学生に聞き取り調査を行ってみると、守られているケースは皆無だった。その事実に対する見解は。

「当会事務局は招聘外国人奨学生の受け入れ状況に関して、法務省や入国管理局へ定期的に報告しています。各新聞販売所に対しては、『勤務時間は週28時間以内とする』という勤務条件の遵《じゅん》守《しゅ》を、日頃からさまざまな場で呼びかけています。当会事務局が受け入れた招聘ベトナム人奨学生は制度の趣旨に沿って日本語の習得と勤務の両立に努め、卒業後の日本の学校への進学率が95パーセントに達していることを申し添えます」

ボツになった座談会

朝日奨学会は、朝日新聞にとっては「天下り先」の1つである。実質トップの専務理事を含め、朝日新聞出身者が事務局に複数いる。

同じ奨学生であっても日本人と外国人とで待遇に差があることについて、朝日奨学会は「外国人奨学生の文化・生活習慣を考慮」した結果だという。外国人には、日本人ほど休日を取る「生活習慣」がないとでも言いたいのだろうか。

肝心の違法就労問題については、「日頃からさまざまな場で呼びかけています」とだけ答えた。「自分たちは法律を守るように指導しているが、実際にどうなっているかは知らない」という意味なのだろう。

朝日新聞に限らず、新聞社はみずからの販売所で事件や問題が起きると、「取引先の問題」として片づけてきた。販売所は自分たちの新聞を売っている「取引先」に過ぎず、本社が責任を負う立場にないというスタンスなのである。

だが、新聞社が販売所に及ぼす影響力は絶大である。「残紙」の問題ひとつ取っても、そこには明らかに「上下関係」が存在する。これまで私がインタビューしてきた販売所関係者も、取材は絶対匿名が条件だった。取材への協力がバレれば、処分を受けると恐れているのだ。

朝日をはじめとする新聞社は、配達現場で横行する留学生の違法就労問題について「取引先」の問題として片づけず、社を挙げて外国人の待遇改善に尽くすべきではないのだろうか。

もちろん、新聞社が組織ぐるみで違法就労を強いているわけではあるまい。だが、違法就労は現実に起きている。大新聞社の取材力をもってすれば、その現実など簡単に掴《つか》むことができるはずだ。しかし、少なくとも朝日にはそのつもりはなさそうだ。

私が留学生の違法就労問題を取材していた最中、こんなことがあった。朝日新聞がベトナムに駐在する記者を東京に呼び戻し、販売所で働くベトナム人奨学生たちを取材させ、彼らを集めて座談会まで開いたのだ。「朝日新聞の奨学生としてがんばるベトナム人たち」という切り口で取材し、座談会を記事にしようとしたのである。私が違法就労問題を雑誌で記事にしようとしていることを知り、みずからの紙面を使ってその正当性を訴えようとしたわけだ。そのことを、私は座談会に招かれた当事者のベトナム人を含め、複数の朝日関係者から聞いている。

だが、私の記事が「週刊新潮」に掲載された後も、朝日の紙面にベトナム人奨学生の話が載ることはなかった。ヤブヘビになることを恐れたのか、それとも私の記事の影響など限られると判断したのかは知れない。事実、記事が発表された後も、販売所で働く外国人の数は増え続ける一方だ。

違法就労が支える正社員の高給

私が配達に密着したベトナム人奨学生のアン君は、「1リットルの涙」という日本映画を観て日本に関心を持ったという。この映画は難病に侵された少女と周囲の支えを、実話に基づいて描いた作品である。

「日本人は、とてもやさしい人たちだと思いました」

そんなアン君の日本へのイメージは、販売所での仕事を通じ、少しずつ変わりつつある。日本に憧れてやってきたベトナム人留学生の多くが、この国での生活に幻滅し、やがて「反日」へと変わっていくのと似ている。それは朝日新聞にとっても本意ではないはずだ。

大手紙のなかでも、とりわけ朝日新聞には外国人労働者に寄り添うスタンスの記事が頻繁に掲載される。外国人実習生をめぐる問題などでも、彼らへの「やさしさ」が目立つ。

しかし、外国人労働者で今、最もひどい状況に置かれているのは実習生ではなく、留学生なのである。彼らは日本人が嫌がって寄りつかず、しかも実習生すらやらない仕事を低賃金で担っている。そんな職種の典型が、新聞配達の現場なのである。

朝日新聞をはじめとする大手紙にはぜひ、みずからの足下である配達現場に目を向け、留学生の〝奴隷労働〟問題を取り上げてもらいたい。それができないのであれば、夕刊の発行を止めることだ。そうすれば新聞販売所の労働時間は大幅に減り、外国人奨学生や留学生たちの仕事も「週28時間以内」に収まる。

夕刊を止めれば、販売所の経営も改善するだろう。朝日新聞の値段は、朝夕刊のセットで月4

037円、朝刊だけで月3093円だ。つまり、販売所はわずか月944円のため、2倍の配達を強いられているのである。

朝日新聞本社社員の平均年収は約1237万円（2015年3月末）にも達する。そんな高給も販売所、そして配達現場で違法就労を強いられている外国人たちのおかげなのだ。

第３章　日本への出稼ぎをやめた中国人

実習制度は「裸の王様」

政府は早ければ2016年度中にも「外国人技能実習制度」（実習制度）を拡充する見通しだ。現在は実習生の受け入れが許される職種は約70だが、そこに「介護」などが加わる。また、実習生の就労期限を一部の職種で3年から5年に延ばす方針だ。そうなれば、すでに過去最高の約19万3000人に達している実習生は、今後さらに増えていくことになるだろう。

こうして実習制度の枠を広げる一方で、政府は依然、制度の目的について「人手不足対策」だとは認めていない。発展途上国からやって来た若者が日本で技術を学び、母国に帰って役立てる——。そうした「国際貢献」や「人材育成」が制度の趣旨だと言い張っているのだ。

実習制度が外国人の出稼ぎを受け入れるためのものであることは、現場の人なら誰もがわかっている。しかし政府と口裏を合わせ、あくまで「実習」だと装わなければ、実習生の受け入れは認められない。まるで「裸の王様」のような制度なのである。

いったい実習制度とは何なのか。まず、その成り立ちから振り返ってみよう。

もともと実習制度は、海外に現地法人を持つ大企業が、外国人実習生などに日本で研修を受けさせるために存在した。その制度に目をつけ、外国人労働者の受け入れに使おうとした人物がいる。財団法人「中小企業経営者災害補償事業団」（後に「ケーエスデー中小企業経営者福祉事業団」〈KSD〉などを経て、現在は一般財団法人「あんしん財団」）を創設した故・古関忠男《こせきただお》氏である。

バブル期の1980年代後半から、中小企業で人手不足が進んだ。日本での滞在資格のない外国人を雇い、苦境を凌《しの》いでいた企業も少なくなかった。そこで古関氏は、中小企業が外国人労働者を合法的に受け入れる方法として、実習制度を活用しようと考えた。

法律を変えるには政治の力が必要である。古関氏は1990年、KSDのロビー団体として「豊明会中小企業政治連盟」を結成した。その趣意書にはこう書いている。

〈中小企業の最も深刻な問題でもある人手不足を解消したいと思っております。（中略）今回の中小企業向外国人研修生制度（実習制度の当時の名称）の実現をはじめ、中小企業の抱える諸問題を取り上げて、政治的に解決するように努力いたします〉

趣意書でも明らかなように、目的は実習制度を使っての人手不足の解消にあったのだ。ここからも、制度の趣旨として喧伝《けんでん》される「国際貢献」や「技能移転」といった題目などは、当初から方便《ほうべん》に過ぎなかったことがよくわかる。

実習制度をつくった2人の男

同じ1990年、「出入国管理及び難民認定法」（入管法）が改正され、ブラジルなど南米諸国の日系人が労働者として受け入れられるようになった。だが、日系人たちは大企業の工場などに吸い取られ、中小企業には供給されなかった。賃金面などの条件で、中小企業は大企業に太刀打ちできなかったからだ。そんな事情もあって、中小企業には外国人労働者を受け入れる別の方法が必要だった。

古関氏には政治家や官僚に太いパイプがあった。労働省（現・厚生労働省）の出身で、KSDに古巣からの天下りを数多く受け入れてもいた。さらには自民党の小渕恵三《おぶちけいぞう》氏（のち首相）をはじめ、政界の大物ともつながっていた。

みずからの政治力を発揮し、古関氏は1993年、実習制度の改正に成功した。中小企業でも実習生の受け入れが可能になったのだ。その際、古関氏に力を貸したのが、盟友関係にあった自民党の村上正邦《むらかみまさくに》参議院議員だった。村上氏は「参議院のドン」と呼ばれた実力者で、当時、宮沢《みやざわ》喜一《きいち》内閣で労働大臣を務めていた。

私は2007年、すでに政界から退《しりぞ》いていた村上氏にインタビューしたことがある。その頃、実習生の数は15万人を超え、最初のピークを迎えていた。しかし一方では、制度の趣旨に反し、出稼ぎを受け入れるための手段ではないかとの指摘も相次いでいた。そうした趣旨と実態の乖離《かいり》について、制度改正を進めた張本人である村上氏に質《ただ》そうとしたのだ。村上氏は当時を振り返り、私にこう述べた。

「（バブル期の）人手不足は、日本の若者が３Ｋの仕事をやらないことで起きていた。それを不法滞在している外国人にやらせる。外国人もカネになるからやる。そういう連中が犯罪に走る、という悪循環があったのです。それを正すためには、新たな制度が必要だった。研修制度（現在の実習制度）を使えば、外国人が合法的に働け、目的も持てる。日本で技術を覚え、母国に戻って活かしてもらおうと考えたのです」

つまり、実習制度を通じ、「中小企業の人手不足解消」と「発展途上国への国際貢献」という二兎《にと》を追おうとしたわけだ。いくら村上氏が大物であっても、「外国人の出稼ぎを受け入れる」というだけでは法律は変えられなかったのだろう。そのため「国際貢献」という建て前が前面に押し出され、「人手不足解消」という本音が隠されてしまった。

村上氏は福岡県の定時制高校時代、父や兄と一緒に炭鉱で働いていた苦労人である。制度改正には、外国人労働者を慮《おもんぱか》る彼なりの義侠心《ぎきょうしん》もあったのかもしれない。だが、そんな義侠心も、逆に災《わざわ》いを生んでしまうことになる。

村上氏によれば、古関氏は口癖のように「俺は中小企業の花咲かじじいになるんだ」と話していたという。だが、古関氏は単なる善意で制度改正に動いたわけではない。みずからも実習生を受け入れるための団体をつくって、中小企業から斡旋料を吸い上げ始めるのだ。制度改正を利権にしたわけである。

後に村上氏と古関氏は、2000年に発覚する「KSD事件」でともに失脚した。古関氏はKSDの資金を流用した背任容疑で逮捕される。そして翌2001年、村上氏の逮捕が続いた。容疑は、古関氏が進めていた「ものつくり大学」を支援するため国会で質問に立ち、その見返りに現金を受け取ったというものだった。

こうして現在の実習制度をつくった2人の主役は、ともに表舞台から去った。皮肉なことに実習制度は、その後、急速に拡大していくことになる。

失踪が治安の悪化をもたらす

実習生が15万人を数えた2006年、彼らを受け入れている企業などは全国で約2万社に達した。その後、2008年にリーマン・ショックが起きると、実習生はいったん減少した。しかし、最近になって再び増加しつつある。

実習生は受け入れ可能な職種が限られ、しかも人数にも制限がある。従業員50人以下の中小企業や農家などは、年3人が上限だ。こうした制限がなければ、実習生は現在の何倍にも膨らんでいたかもしれない。

一方、実習制度では、「失踪」の問題が指摘され続けてきた。職場から逃げ出し、不法就労に走る実習生が後を絶たないのだ。失踪者の数は2015年、法務省が把握しているだけで580

3人に上った。2012年の2005人から3倍近くの増加である。失踪は治安の悪化につながる。外国人が起こす犯罪でも、実習現場から失踪した者によるものが目立つ。2015年5月には、茨城県でタイ人が、不法就労先の造園会社の経営者を殺害するといった事件も起きた。逮捕されたこのタイ人は、11年に農家で働くために来日し、わずか3ヵ月後に失踪していた元実習生だった。

実習生が失踪する原因として、受け入れ先の企業などによる「人権侵害」が問題となってきた。事実、残業代の未払いやパスポートの取り上げといったケースも多く見つかっている。海外からは「現代の奴隷労働」だと批判が相次ぎ、日本の新聞やテレビでも実習生は悪い中小企業の犠牲になっているとの報道が繰り返されてきた。

そんな声に応えるかたちで、政府は実習制度の拡充に伴い、受け入れ先の企業などを監督するための機関を設立する。実習制度を非難してきた大手紙も、「政府は実習先の監視を強化する法整備を進め、失踪増加に歯止めをかけたい考えだ」（2016年3月7日読売新聞電子版）といったように政府の動きを評価する。

だが、受け入れ先を監督すれば、実習生の失踪はなくなるのか。膨大な数の受け入れ先を、いったいどうやって監督するというのか。そもそも、失踪は本当に受け入れ先での「人権侵害」が原因なのだろうか。現場を取材してきた私は、強い違和感を覚えている。

実習生と日系人の給与格差

現在、人手不足が最も進んだ職種の1つが建設関係である。東京都内で鉄筋工の会社を営む山本淳二さん（仮名・40代）は、働き手確保のため東南アジアから実習生を受け入れようとしている。

「都内は今、東京オリンピックの開催や築地市場の移転などに向けて建設ラッシュが続いています。しかし、求人雑誌に広告を載せても日本人は集まらない。たまに応募してくる人がいても、1ヵ月と続かない。私たちの仕事は朝が早く、体力的にも大変ですからね」

鉄筋工とは、ビルなどの建築工事で鉄筋を運んでいく仕事だ。鉄筋は重いもので1本20キロ以上になるため、初心者だと肩が腫《は》れ上がる。高所での仕事でもあり、女性や中高年には難しく、とりわけ働き手が不足している。

山本さんの会社には約20人の従業員がいるが、そのうち半分近くは日系フィリピン人の若者だ。日本人は大半が40代以上で、わずかにいる20代は娘の友人関係で集めた。日本人で20代、30代の働き盛りが少ないのは、山本さんにとっては悩みの種である。鉄筋工以外でも、建設関係の経営者は彼と同じ悩みがあるはずだ。

山本さんは日系フィリピン人を派遣業者経由で採用した。ただし、日系人には日本での就労制限がなく、職種や職場も自由に選べる。山本さんは日系フィリピン人の従業員たちがもっと待遇の良い仕事を見つけ、まとまって会社を辞められることを恐れている。

その点、実習生はいったん受け入れれば、3年間は同じ職場で働くのが決まりだ。上限の3人ずつ毎年受け入れていけば、3年後には9人の労働力を確保できる。

一方、山本さんには心配もある。実習生を採用すれば、同じ仕事をする外国人の間で「給与格差」が生じてしまう。日系フィリピン人たちは未経験者だが、同世代の日本人と変わらない月25万円程度の給与を受け取っている。しかし実習生の場合、手取りで月10万円ほどにしかならない。

「フィリピンから実習生を受け入れれば、言葉の通じる日系フィリピン人たちが指導できます。だけど、あまりにも給料が違うと実習生たちが知ったら、どう思うか……」

実習制度は、実習生の賃金を「日本人と同等以上」と定めている。しかし、だからといって同じ職場で働く日本人と同じ給与がもらえるわけではない。「日本人と同等以上」とは、「最低賃金以上」を意味しているのだ。そのため受け入れ先の企業は、最低賃金レベルで実習生を雇うことができる。

東京都の場合、最低賃金で一日8時間、月22日働けば約16万円だ。そこから社会保険料や会社が用意するアパート代などを差し引くと、実習生には10万円程度しか残らない。

同じ仕事をしても、手取りがほかの従業員の半分以下だと知れば、実習生は当然、不満を募らせるし、なかには職場から逃げ出し、不法就労に走る者が出ても不思議ではない。人手不足の日本では、不法就労の外国人でも働ける場所はいくらでもある。

〝ピンハネ〟のピラミッド構造

ただし、実習生を受け入れる企業の金銭的な負担は、日系人や日本人を雇う場合と比べて大きく変わるわけではない。企業にとって実習生は、必ずしも「安価な労働力」というわけではないのである。

では、なぜ実習生の給与だけが格段に安くなってしまうのか。それは、実習生と受け入れ企業の間に、さまざまな〝ピンハネ〟が存在するからだ。

実習生の受け入れでは、「監理団体」と呼ばれる斡旋団体を通すのが決まりだ。受け入れ先の企業は、監理団体に対して紹介料を支払うことになる。山本さんの場合、一人につき約50万円の支払いが生じる。中小企業にとっては決して小さくない金額だ。

実習制度には、民間の人材派遣会社などは関与できない。監理団体も表面上は「公的な機関」ということになっていて、実習生の斡旋だけを目的につくることは許されていない。しかし、そんな規則はまったく形骸化してしまっている。

監理団体には一応、「協同組合」や「事業組合」といったもっともらしい名前がついている。だが、実態は人材派遣業者と何ら変わらない。しかも、実習生の斡旋を専業とする団体がほとんどだ。監理団体は業界に幅広い人脈を持つ関係者が設立するケースが多い。運営には、官庁に顔のきく元国会議員などもよく関わっている。何か問題が起きたとき、官庁と交渉する必要が生じるからだ。つまり、「監理団体」というブローカーのバックに政治家がつき、ピンハネに一役買っているわけである。

山本さんが監理団体から提示された「一人につき約50万円」の内訳は、斡旋料や送り出し国の機関への手数料などである。日本語の事前研修費も含まれるが、研修は形ばかりに過ぎない。実習生の大半は、日本語が不自由な状態で来日する。語学力などほとんど要らない単純作業に就くため、それでも何とか仕事はこなせる。

受け入れ側の日本と同様、送り出し国でも公的な機関しか関われない決まりだ。しかし、それも建て前に過ぎず、実際には現地の人材斡旋会社が送り出しを担っている。政府や自治体の関係者が送り出し機関を設立し、仲介料を収入源にしていることもよくある。

送り出し機関にとっても、実習生は〝金ヅル〟なのである。一人でも多く日本へと送り出せば、毎月入ってくる「管理費」も増える。だが、実習生が失踪すれば管理費も途絶えてしまう。そこで失踪を防ごうと、実習生から「保証金」と称して大金を預かり、3年間の仕事を終えるまでの「身代金」にしているような機関もある。

一方、日本側の監理団体は、実習生が仕事を始めると、受け入れ先から「管理費」を毎月徴収する。送り出し機関と山分けするためのものだ。金額は団体によって差はあるが、月5万円前後が相場である。だからといって、監理団体が実習生を「管理」してくれるわけでもない。

受け入れ先は、監理団体に年10万円程度の「組合費」も支払わなくてはならない。あの手この手で、監理団体が受け入れ先からカネを取っているわけだ。

こうしたピンハネ構造には官僚機構も加わっている。実習制度を統括しているのが、公益財団法人「国際研修協力機構」（ＪＩＴＣＯ）という組織である。ＪＩＴＣＯは実習制度が現在の形となる2年前の１９９１年に設立され、法務、外務、厚生労働、経済産業、国土交通省という5つの中央官庁が所轄する。法務省出身の鈴木《すずき》和宏《かずひろ》・理事長、厚労省出身の新島《にいじま》良夫《よしお》・専務理事を始め、各省庁の役人の天下り先でもある。

ＪＩＴＣＯは、実習生の監理団体や受け入れ先からの会費収入で年13億円近くを得ている。こうした収入の一部が、天下り官僚たちの報酬となるのだ。ＪＩＴＣＯに対しては、実習生の受け入れ先の不満は強い。何の役にも立っておらず、単なるピンハネ機関と化しているからだ。

受け入れ企業の上には監理団体と送り出し機関があって、さらに制度全体を統括するＪＩＴＣＯが存在する。このピラミッド構造を通じ、実習生の受け入れが一部の業界関係者と官僚機構の収入源となっている。そして陰では、官僚や政治家たちが利権を貪《むさぼ》っているわけだ。その結果、実習生の賃金は不当に抑えられてしまう。

暮らすと日本が嫌いになっていく

実習制度とは、嘘と建て前で塗《ぬ》り固められた制度である。受け入れが認められた約70の職種から して単純労働ばかりなのだから、「国際貢献」や「技能移転」などあったものではない。単に日本側の都合で、人が足りず、しかも日本語でのコミュニケーション能力も必要ない職種を選んでいるだけなのだ。

実習生は母国で1年以上就いていた仕事を日本でやり、帰国後に復職するといったルールもある。守られているケースなど皆無に近いが、前職を証明する書類を用意しなくてはJITCOが入国を許さない。そこで実習生は書類を偽造する。書類を揃《そろ》えてくれるブローカーにカネを払ってのことである。

こうした実習制度の実態は、新聞やテレビではまったく報じられない。

「外国人実習生が職場から失踪するのは、受け入れ先の企業でひどい目に遭っているからだ」

といった報道ばかりが目立つ。

「せっかく日本でがんばっているのに人権を侵害され、実習生はかわいそうだ」

そんな紋切り型の取り上げ方で、読者や視聴者が納得すると考えているのだろう。大した取材もせず、記事や番組をつくっているのだから仕方ないことではある。

しかし実習生が失踪する根本の原因は、「人権侵害」などよりも実習制度が抱える嘘と建て前の数々、そしてなにより官民による〝ピンハネ〟にある。ピンハネに甘んじて実習生を続けているより不法就労したほうがずっと稼げるのだから、彼らが職場から逃げるのも当然である。

インドネシアの首都ジャカルタ近郊の日系企業で働くマッササん(36歳)には、日本で数年間にわたって不法就労した経験がある。

彼は2000年代初めに実習生として来日し、自動車関連の下請け工場で働いていた。仕事は、もちろん単純作業の繰り返しである。

「インドネシアに帰って役に立つ技術など何も学べませんでした(苦笑)。それに、いくら実習生として真面目にがんばっても、3年が終われば日本から出ていかなくてはなりません。そこがどうしても納得できなかった」

マッササんは、3年の就労期限が来る直前に職場から逃亡した。受け入れ先で人権侵害を受けたり、何かトラブルがあったりしたわけではない。むしろ経営者は「いい人だった」という。ただし実習制度では、ひとたび母国に帰国すれば、二度と日本で働くことはできない。いくらがんばっても、再来日は許されないのだ。インドネシアに帰っても仕事のあてはない。そこでマッサさんは、不法就労に走ってしまった。

インドネシア人の友人には、現地の送り出し機関で「トヨタ」のビデオを見せられ、日本で最新技術が学べると勘違いして実習生となった者もいる。しかし、その友人が働くことになったのは、従業員10人にも満たない小さな下請け工場だった。こんな詐欺《さぎ》まがいのインチキが横行するのも、「実習」などという看板を掲げているからなのだ。

私はマッサさんとは、彼が不法就労中に出会った。その後、彼が入管に出頭し、インドネシアへ強制送還となった際にも付き合った。

「実習生は日本に憧れて行くんです。だけど、日本で生活しているうち、だんだん日本が嫌いになっていく。僕もそうだった」

時の経過とともに「反日」になっていくのは、日本で〝奴隷労働〟に明け暮れる留学生と同じである。

マッサさんは現在、日系企業のマネージャーを務めている。インドネシアは日系企業の進出ラッシュである。給与は毎年のように上がり、今では月12万円ほどになった。実習生だったときよりも高給である。不法就労で長く日本に滞在した結果、彼の日本語はかなり上達した。皮肉にも不法就労の経験が、今の仕事に役立っているわけだ。

「将来、日本で働こうとは思いません。もちろん、二度と実習生はやりたくない」

焼け太りする「官僚利権」

実習制度には根本的な見直しが必要だ。まずは、建て前と実態の乖離を正していかなければならない。だが、現実はその方向には進んでおらず、逆に現状の制度が拡大されようとしている。

実習制度の拡充法案は、前述の如く近く成立が見込まれている。この法案には2つの目的があって、1つが、受け入れ可能な職種に「介護」などを加えること。そしてもう1つが、「外国人技能実習機構」という新たな監視機関の設立である。しかし、監視を強化したところで、失踪がなくなるわけではない。にもかかわらず、なぜ監視機関などがつくられるのか。

この機関の設立に大きな「貢献」をしたのが、新聞やテレビである。受け入れ先による「人権侵害」や実習生の失踪といった問題が繰り返し報じられた結果、「さらなる監視強化が必要だ」という世論ができ上がってしまった。しかし「人権侵害」と「失踪」には、必ずしも因果関係はない。それなのに、大手メディアは官僚に簡単に操《あやつ》られてしまう。

新聞の報道をよく見ると、官庁発表の調査資料をもとに書かれた記事が多い。たとえば、厚労省が2014年8月に発表した「実習生の受け入れ先の8割で法令違反がある」といったものだ。「8割」と聞けば、まるで受け入れ先の大半が「ブラック企業」のように思えてしまう。しかし、それはまったくの誤解だ。

実は法令違反の約半分は「安全衛生関係」であって、実習生に対する「人権侵害」とは関係ない。受け入れ先の多くは中小企業や零細な農家である。法律を厳密に適用すれば、日本人だけが働く企業でもかなりの割合で「法令違反」は見つかる。しかし、新聞はそんな客観的な事実には触れず、官庁の発表を分析もせずそのまま報じ、受け入れ先の問題を批判してきた。

こうした報道の後押しもあって、新たな監視機関は設立される。設立を担う厚労省と外務省は、今回の拡充法案をつくった官庁である。もちろん、監督機関は両省の天下り先にもなる。つまり官僚は、「実習制度の問題は受け入れ先の企業や監理団体にある」というイメージを巧妙につくり出し、また1つ天下り先を増やしたわけである。私に言わせれば、受け入れ企業などよりも官僚たちのほうがよほど「ブラック」だ。

この監視機関にしろ、ピンハネ構造の一部を担っていく。ＪＩＴＣＯと同様、受け入れ先の企業や監理団体からの「会費」が収入源となるからだ。本来は実習生が労働の対価として受け取るべきカネが、今後はさらに天下りの役員たちの報酬へと回される。みずからの顧客でもある受け入れ企業に対し〝ガチンコ〟で監視などできるはずもない。そもそも監視機関ということでは、すでにＪＩＴＣＯが存在しているのである。

日本への出稼ぎをやめた中国人

では、実習制度を拡大すれば、政府の思惑どおりに実習生は増え、人手不足の現場を支えてくれるのだろうか。

気になる兆候がある。リーマン・ショック前には実習生全体の7割にも達した中国人が、最近になって減少しているのだ。実習生全体の数は2012年末からの3年間で4万人以上増えたが、中国人実習生に限っては、約11万1000人から約8万9000人へと逆に減っている。

中国では経済成長に伴い、労働者の賃金も急激に上昇した。そのため実習生として日本に出稼ぎに行く必要がなくなったのだ。近年進んだ「円安」も大きい。円安は日本を訪れる外国人観光客を急増させているが、賃金を日本円で受け取る実習生にとってはマイナスだ。こうして中国人にとって日本は、出稼ぎ先から〝爆買い〟のための旅行先になってしまったわけである。

実習生の受け入れ現場で何が起きているのか——。全国でも有数の野菜の生産地である愛知県田原《たはら》市で、実習生が働く農家を訪ねてみた。

人口約6万4000人の田原市は、新幹線も停車するJR豊橋駅から南に下った渥美《あつみ》半島に位置する。三河田原駅周辺の市街地を抜けると、そこは田園地帯だ。広いキャベツ畑の中にビニールハウスが点在している。野菜のほかにも菊やバラといった花卉《かき》類の生産も盛んで、市町村単位の農業生産額が発表されていた２００６年までは全国でトップを占め続けた。

しかし最近は、農業人口の減少が著しい。農家の高齢化は全国的な問題となっているが、田原も例外ではない。そんななか、人手不足を補っているのが外国人実習生だ。田原市の外国人住民数は２０１５年３月末段階で１２８１人だが、そのうち３分の２以上は実習生と見られる。

渡辺真臣さん（43歳）は東京の大学を卒業後、地元に帰って父親の跡を継いだ。田原では貴重な若手農家の一人である。父の時代は野菜が中心だったが、バラの栽培を始めて主力商品に育てた。

実習生の受け入れは、10年以上前に始めた。それまでは地元の主婦をパートで雇っていたが、高齢化もあって人手が集まらなくなった。そこで外国人の実習生に頼ることにしたのだ。

「一見するとわかりませんが、この辺りで自転車に乗っている若い女性は皆、実習生なんですよ。地元の人は車で移動しますからね」

みずからのビニールハウスまで車を走らせながら、渡辺さんが解説してくれた。

田原の農家で働く実習生は、ほとんどが女性だ。力よりも根気が要る農作業には、女性のほうが向いているのだという。渡辺さんが受け入れている４人の実習生も皆、20代の女性である。

「田原の農業は実習生なしでは成り立ちません。実習生を受け入れずにやっている農家のほうが少ないくらいです」

農家は家族経営が基本である。かつては親と子、さらには孫までも一緒に畑や田んぼに出て働き、繁忙期には近所の主婦を雇って凌いだ。しかし、少子高齢化や核家族化が進み、家族に働き手が減ってしまった。農家でパートをしようという主婦もなかなか見つからない。

都会の建設現場や中小企業の工場で働く実習生たちには、受け入れ先の会社が寮やアパートを用意する。しかし田園地帯が広がる田原にはアパートも少なく、実習生はたいてい農家に間借りしている。渡辺さんも、自宅の敷地に建つ別棟に実習生を住まわせている。まさに家族も同然の生活だ。

群れずに安く使える国はないか

渡辺さんが受け入れる実習生は、2年前までは中国人ばかりだった。契約している監理団体が、中国人を専門にしていたからだ。近所の農家も同じで、田原の実習生は中国人女性が大半を占めていた。しかし、東日本大震災が起きた2011年頃から状況が変わった。中国人の来日希望者が減り始めたのである。

実習生を受け入れる際には、監理団体の案内で中国へと赴《おもむ》き、面接を行ってきた。以前であれば、一人の採用枠に3～4人の応募があった。しかし最近では、やっと一人を確保できるかどうかである。応募者が少なければ、実習生の質にも影響する。

「昔の実習生は、辛抱《しんぼう》強い子が多かった。私自身も実習生から学ぶことがよくありました。カネを貯めて中国に帰るという目標も明確でしたから、残業だって喜んでやってくれた。でも、最近の実習生には、観光気分で来るような者も少なくない。近所の農家では、雇った実習生が１ヵ月ほどで帰国してしまったケースもあるんです」

渡辺さんが実習生に支払う賃金は、家賃など差し引くと月約10万円だ。同じ10万円でも、実習生にとっては為替レートが大きく影響する。円安になれば、中国の通貨・人民元での収入が減ってしまうのだ。

２０１２年には1元＝12円程度だったレートは、２０１５年には約20円をつけ、７割近くも安くなった。２０１２年時点では８３００元になった10万円が、５０００元ほどにしかならないわけだ。月５０００元程度であれば、中国の沿岸部の工場などでは簡単に稼げてしまう。

渡辺さんの知っている監理団体は、３年前に約40人の中国人実習生を農家へと斡旋した。だが、実習期間を終えるまで残った実習生はわずか10人程度に過ぎなかった。失踪に加え、途中帰国が続出したのである。

そうした状況を目の当たりにして、渡辺さんもほかの国の出身者へと実習生を切り替え始めた。現在受け入れている実習生は、中国人とベトナム人が２人ずつだ。

全国的にも、ベトナム人実習生は中国人に取って代わりつつある。2015年末現在で約5万8000人と、わずか3年で3・5倍近くになった。中国人の減少を補ってあまりある増加ぶりである。

ただし、日本国内に同胞が増えると、ソーシャルメディアなどを通じて悪い誘いも多くなる。ベトナム人実習生の間では、不法就労や窃盗など犯罪に走る者が増えている。ベトナム人実習生の質も落ちてきているわけだ。

渡辺さんは前年、実習生の面接のためカンボジアを訪れた。今後、中国人の受け入れをやめ、カンボジア人に切り替えるつもりなのだという。カンボジアの賃金水準は月1万円にも満たず、ベトナムと比べても半分以下だ。しかもカンボジア人実習生はまだ日本にも少なく、同胞を頼っての失踪なども起きにくいと考えた。

中国からベトナム、そしてカンボジア……。実習生となる人材を求め、より物価の安い国へと地方の農家の主たちが分け入っていく。実習生の受け入れ現場の〝今〟を象徴する話である。

実習制度の「後ろめたさ」

「何も知らない東京の連中が制度をつくっているんだから、どうしようもない。わしらのことなんて、何も考えていないだろう」

渡辺さんと軒先で話し込んでいると、彼の父親（60代）が割って入ってきた。みずから言いたいこともあったのだろう。長年、畑で働いてきた顔には日焼けと皺《しわ》が刻み込まれ、年齢よりも老けて見える。その言葉には、実習生を受け入れてきた農家の本音が表れていた。

長く実習生の受け入れ現場を回ってきた私には、以前から気になっていたことがある。外国人実習生も、そして受け入れ先の人たちも、心のどこかに後ろめたさを抱えているのだ。

実習生たちは「出稼ぎ」、受け入れ先は「労働者」を欲しているというのに、それぞれが「実習」を装わなければならない。誰もが嘘だとわかっていても、官僚が強いる数々の虚構に付き合わなければ、実習生の受け入れは許されないのだ。

だから新聞やテレビの取材を受けると、「途上国の人材育成に貢献できて幸せです」といった模範解答が返ってくる。そして実習生も同様、「日本で覚えた技術を母国に伝えたいと思います」などと、心にもないことを口にする。そんな理不尽な状況が、実習制度の現場に暗い影を落としている。

日本人の嫌がる職種で人が足りないのならば、まずはそれを認めたうえで、外国人労働者の受け入れについて本音で議論すればよい。「実習」などとごまかさず、あくまで現場にとって何が最善なのかを優先して考える。

実習生の就労期限の問題ひとつ取ってもそうだ。受け入れ先がもっと働いてもらいたいと望む実習生もいるだろう。実習生にも、再来日を望む者はいる。互いの意思が確認できれば、実習生が再度、日本で働けるようにしてはどうなのか。仕事や文化にも慣れた実習生を再び雇用できれば、人材の質も確保でき、現場にとってはありがたいはずだ。また、職場から失踪して不法就労に走る実習生も減るだろう。

新たに監視機関などつくったところで、失踪はなくならない。そんなことより、実習生に対するピンハネ構造を改めることだ。そうすれば賃金は「日本人と同等以上」に近づき、実習生が失踪しようとする動機も薄れる。そんな簡単なことも実行できないのは、現状の実習制度を維持、拡大することが、官僚機構の利権になっているからにほかならない。

海外を見渡せば、人手不足は何も日本に限った話ではない。長年続いた一人っ子政策の影響もあって、近い将来、中国でも人手不足が起きていく。円が急騰でもしない限り、今後も中国人実習生が増えることはないだろう。ベトナムなど新興国の出身者にしろ、自国経済が成長を続ければやがては日本から遠ざかっていく。そのことは後述する日系ブラジル人、また「経済連携協定」(EPA)で東南アジア諸国から来日した介護士・看護師の行動からも証明済みなのだ。

彼らから見捨てられたとき、日本はいったいどこの国から労働者を受け入れるつもりなのだろうか。

第４章　外国人介護士の受け入れが失敗した理由

日本で働くフィリピン人介護士

大阪の中心街・梅田から急行電車で20分——。池田駅でバスに乗り換え、さらに10分ほど行くと、新興住宅街の間に田園が増えてくる。そんなのどかな風景の中に、フィリピン人介護士のマリシェル・オルカさん（36歳）の働く有料老人ホームがある。

「お久しぶりです」

「遠いところ、ありがとうございます」

青い制服姿で現れた彼女は、きれいな日本語で出迎えてくれた。会釈する姿も、ますます日本人っぽさが増した感じである。

マリシェルさんと初めて会ったのは、２００８年のことだった。彼女は当時、フィリピン・スービックにある「トロピカル・パラダイス・ヴィレッジ」（ＴＰＶ）という日本人向けの高齢者施設で働いていた。移住もしくは短期滞在している日本人の高齢者を、フィリピン人介護士が世話する施設である。

ＴＰＶは、長年フィリピンで電子部品工場などを経営する高橋信行氏（67歳）が、２００３年に設立した。やがて日本が、フィリピンから介護士を受け入れる日が来る。そう考え、人材育成のための施設をつくったのである。その見込みどおり、日本は２００６年、フィリピンとの間で介護士・看護師の受け入れに合意した。ＴＰＶの試みに関心を持った私は、日本への人材の送り出し前に現地を訪れ、フィリピン人介護士たちを取材することにした。

スービックには、１９９０年代初めまで米軍基地があった。ＴＰＶでは、かつて米軍の将校が住んでいた邸宅を30軒ほど借り上げ、日本人の高齢者施設に転用している。芝生の植えられた広い庭付きの邸宅が並ぶ風景は、まるで米国の高級別荘地のようだった。そんな風景の中を、朝になると日本人の高齢者が散歩している。傍らにはフィリピン人介護士が寄り添い、高齢者の手を握って談笑する姿があった。高齢者も、そして介護士も楽しそうだった。

「これだけ日本語ができれば十分だよ。なにより笑顔がいいんだ」

そんな声が日本人の高齢者たちから相次いで聞かれた。事実、高橋氏という日本人のもとで教育を受けているだけあって、介護士たちは礼儀正しく、しかもフィリピン人特有の明るさも持ち合わせていた。また、日本語が驚くほど上手でもあった。

ＴＰＶで採用されたフィリピン人介護士たちは、仕事の合間に日本語の授業を受ける。そうした勉強の甲斐もあって、半年も経てば十分に仕事をこなせるだけの日本語を身につける。

日本人が面接し、人材を選ぶ。その後、ＯＪＴ（オン・ザ・ジョブ・トレーニング）と日本語研修を施《ほどこ》したうえで、日本へと送り込む――。そうした育成型のシステムに対し、私は可能性の大きさを感じたものだった。

日本語が堪能でも長く働けない

日本によるフィリピン人介護士・看護師の受け入れは、政府間で結ばれた「経済連携協定」（ＥＰＡ）に基づくものだ。２００９年、フィリピンからは第1陣として介護士だけで１９０人が来日することになったが、そこにはＴＰＶの人材も数名含まれていた。その一人がマリシェルさんである。

彼女は首都マニラ郊外の出身で、家族は母と姉、弟がいる。姉はドバイで薬剤師をしていて、弟も一時、同じドバイで出稼ぎをしている。大学で理学療法士の資格を取得したマリシェルさんも、卒業後は海外で働こうと考えた。

「もともとは親戚のいるカナダで働くことが夢でした。ドイツも考えましたが、エージェンシー（人材派遣業者）に（日本円で）20万円を払う必要があったので諦《あきら》めました。その後、ほかの国を探していて、新聞に募集が載っていたＴＰＶに応募することにしたのです。近い将来、日本で働ける可能性があるということだったので」

来日後、マリシェルさんは現在働いている社会福祉法人の、特別養護老人ホームに配属された。仕事に慣れるのは、ほかの外国人介護士らと比べても早かった。彼女にはＴＰＶでの仕事に加え、日本への留学経験があったからだ。ＴＰＶからの派遣で留学し、日本語学校に通いながら日本の介護施設でのアルバイトもやっていたのである。

そうした経験もあって、彼女は日本で働き始めた頃には、すでに日本語能力試験「2級」(現在の「N2」レベル)を取得していた。2級は1級に次ぐ難度の試験で、介護士として仕事をするには十分だ。ただし、EPA介護士はいくら日本語が堪能《たんのう》であっても、それだけでは日本で長く働くことは許されない。来日から4年以内に「介護福祉士」の国家試験を受け、合格することが義務づけられている。

EPA介護士が受験資格を得るには、3年間の実務経験が必要となる。だが、マリシェルさんは日本語2級の資格が考慮され、同じ第1陣で来日したフィリピン人介護士たちよりも1年早く国家試験に挑《いど》んだ。そして2012年、試験に見事合格する。フィリピン人としては「第1号」の合格者である。

次々帰国する優秀な人材

介護福祉士の資格を得たマリシェルさんは正社員として採用され、職場は特養から有料老人ホームへと変わった。今では職場のリーダーを任され、正社員4人を含めて計6人の日本人部下を束《たば》ねている。

「仕事では利用者の方、一人ひとりに合った対応が求められます。ほんまに大変ですが、やりがいはあります」

大阪弁もすっかり板についた。日々、彼女の笑顔に癒やされている入居者も多いことだろう。マリシェルさんのような人材であれば、外国人であっても日本で働いてもらうことに異を唱える人は少ないはずだ。しかし、現実にはそうなっていない。

ＥＰＡによる介護士・看護師の受け入れは、フィリピンとインドネシアに加え、２０１４年からはベトナムとの間でも始まった。これまで来日した人材は、介護士だけで２０６９人を数える。

とはいえ、当初の見込みでは、現在までに４０００人以上の介護士が来日しているはずだった。しかし実際には、受け入れ数は大幅に少なくなった。しかも、これまで国家試験に合格したＥＰＡ介護士は、４００人ほどに過ぎない。多くの外国人介護士が試験に落ち、短期間で母国へと帰国しているのだ。

こうした数字を見ても、ＥＰＡは成功したとは言いがたい。なぜ、介護士たちの受け入れはうまくいかなかったのか。その理由について、受け入れの経緯を含めて振り返ってみたいと思う。

人手不足とは無関係の受け入れ

人手不足の日本にあって、とりわけ介護現場は待ったなしの状況にある。都市部における人手不足は特に著しく、２０１５年には求人倍率が東京都で４・３４倍、愛知県では４・０４倍に達した。全国平均でも２・５９倍と、全職種の１・２倍を大きく上回る。介護施設をつくっても、働き手が集まらずオープンできない施設も少なくない。人手不足は今後いっそう深刻化し、厚生労働省は、２０２５年、30万人もの介護職が不足すると見込んでいる。

そんななか、注目が集まるのが外国人介護士の受け入れだ。２００８年にまずインドネシアとの間で始まったＥＰＡに加え、早ければ２０１６年度中にも外国人技能実習制度の職種に「介護」が追加される見通しである。

こうした動きに対し、たいていの人が「外国人介護士は人手不足解消のために受け入れられている」と考えている。しかし、それは誤解である。政府は「受け入れは介護現場の人手不足とは無関係」という立場なのだ。では、いったい何を目的とした受け入れなのか――。

外国人介護士を受け入れる決断を下したのは、〝変人宰相〟として知られた小泉純一郎《こいずみじゅんいちろう》氏である。小泉氏は日本政府がフィリピンとＥＰＡを結んだ当時の首相だった。ＥＰＡは貿易や投資の自由化を通じ、２国間の経済関係を強めるための協定だ。いっけん「介護」とは無関係そうだが、そこに介護士や看護師の受け入れが盛り込まれたのには理由がある。

１９８０年代後半から２０００年代初めにかけて、数多くのフィリピン人女性が「興行ビザ」で日本へと出稼ぎにやってきていた。主にフィリピンパブなどでホステスとして働くためである。興行ビザで接客業に就くことは違法だが、入管当局も大目に見ていた。しかし２００５年、日本政府は興行ビザの発給を事実上停止した。米国などから「人身売買の温床《おんしょう》」との批判が出たからだ。その結果、多くのフィリピン人女性が出稼ぎの手段を失った。

フィリピンは海外で働く国民からの送金が国内総生産（GDP）の1割にも上る「出稼ぎ国家」である。日本によるビザ発給停止は、国家にとっても大きな痛手だった。そこでフィリピンは、別の方法で出稼ぎを受け入れるよう日本に求めてきた。それが介護士・看護師の受け入れだったのだ。フィリピンには、欧米や中東諸国へと看護師らを送り出してきた実績があった。

フィリピン側は、ちょうど日本と交渉中だったEPAに介護士らの受け入れを含めるよう提案した。一方、日本はEPAを通じ、フィリピンに産業廃棄物を持ち込もうとしていた。そのための交渉材料に使えると判断し、介護士らの受け入れを呑んだ。こうして外国人介護士の受け入れは、「人手不足」とはまったく無関係なところで決まっていく。つまり、介護士らは日本への出稼ぎが禁じられたフィリピン人ホステスの代わりとして、「ゴミ」の持ち込みとバーターで受け入れられたわけだ。

その後、同じEPAの枠組みで、インドネシアとベトナムからも介護士・看護師の受け入れが決まる。両国もフィリピンと同じく、自国民の出稼ぎ先を求めていた。それに対し、日本もEPA交渉を有利に運ぶため要求に応じた。あくまで相手国の求めに応じただけで、こちらも日本の「人手不足」とはまったく関係ない。

〝介護業界のドン〟中村博彦氏

フィリピンとの交渉で最後までもめたのが、介護士らの受け入れ数だった。日本としては、できるだけ数を少なくしたかった。外国人労働者が増えれば、日本人の雇用や賃金に悪影響が出かねない。その点を厚労省が心配し、数を抑えようとしたのだった。そして日本側は、介護士・看護師とも「当初の２年間で１００人ずつ」という案をつくった。ほとんど申し訳程度の数である。

そこに嚙《か》みついた政治家がいる。自民党参議院議員（当時）の中村博彦《なかむらひろひこ》氏である。中村氏はみずから大規模な社会福祉法人を経営し、公益社団法人「全国老人福祉施設協議会」理事長も務めるなど〝介護業界のドン〟として鳴らしていた。そして、外国人介護士受け入れの急先鋒《きゅうせんぽう》でもあった。労働力を確保したい経営者の立場から外国人を受け入れようとしたのだ。

中村氏としては、厚労省主導の案など吞めるものではない。そこで自民党で同じ派閥に属し、個人的にも関係のあった小泉氏に対し、受け入れ数を大幅に増やすよう進言する。すると、受け入れ数が「当初の２年間で介護士６００人、看護師４００人」へと引き上げられることになった。中村氏は２０１３年に鬼籍に入ったが、私は生前に行った取材で、その経緯について詳しく聞いている。

こうしてフィリピンとの間で決まった受け入れ数は、続いてＥＰＡを締結したインドネシアにも適用されることになる。いくら中村氏が〝介護業界のドン〟だったとはいえ、一国会議員に過ぎない。にもかかわらず、国家プロジェクトとも呼べる介護士の受け入れ内容が、政治家の一声で簡単に変わってしまう。「２年間で介護士６００人」という数にしろ、中村氏には深い考えもなかったはずだ。国の重要な政策が決まる過程の実態について、驚きを通り越して呆れてしまうのは私だけだろうか。

その後、２００８年にインドネシア、２００９年にはフィリピンからの受け入れが始まった。だが、実際に受け入れられた介護士らの数は、当初から予定を大きく割り込むことになった。中村氏の横やりで突然、受け入れ数が増えたことに対し、厚労省が反撃に出てきたからである。

「国家試験合格」というハードル

介護士の受け入れが始まった頃、私は、厚労省で外国人介護士らの受け入れを担当する部署の室長にインタビューした。室長は取材中、介護士らの受け入れが「送り出し国の要請に日本が応じたもの」であることを繰り返し強調した。そして、「日本国内の人手不足とはまったく無関係」だとも断言した。つまり、日本側としては、相手国が頼んできたので渋々認めた、という立場なのである。こうした厚労省の主張は、現在まで変わっていない。

一方で、介護業界では、すでに人手不足が露呈《ろてい》しつつあった。施設経営者には、安価な労働者としての外国人を受け入れ、人手不足を補いたいと考える者も少なくない。そんな勢力を代表し、中村氏が動いたのだ。

つまり、厚労省と介護業界は、外国人介護士の受け入れをめぐって対立関係にあった。また、同じ中央官庁でも、厚労省とは反対に経済産業省や外務省は受け入れに積極的だった。担当官庁と業界、さらには政府内までもが呉越同舟《ごえつどうしゅう》の状態なのだから、受け入れがうまくいかなくても当然である。

厚労省は、外国人介護士らの就労が長引かないよう作戦を考え出した。介護士らに対し、「日本語での国家試験合格」を義務づけたのだ。

介護士と同時にＥＰＡで受け入れた看護師に対し、「国家試験合格」を課すというのは理解できる。日本人でも看護師は皆、資格を得て仕事をしている。だが、介護士の場合は事情が異なる。介護の仕事に就いている日本人でも、「介護福祉士」という国家資格を持っている人は当時で３人に１人ほどに過ぎなかった。その割合は現在までに４割程度まで上がっているが、日本人であれば国家資格を持っていなくても介護現場では働ける。日本人と外国人で「ダブルスタンダード」を設け、差別しているわけだ。

当時、介護福祉士国家試験の合格率は50パーセント程度だった。私は厚労省の室長にインタビューする前、過去の試験を入手してみた。日々の仕事には関係ないようなテーマも多く出題されていて、日本人にも難解な漢字が並んでいる。介護士としての能力とは無関係に、単に「ステータスアップ」のための試験なのである。そんな試験を外国人に限って就労条件に課すのは、彼らを追い返すための手段であることは明らかだった。

「介護福祉士の国家試験がどんなものであるか、実際に問題をご覧になったことがありますか？」

室長に対し、私はそんな質問をぶつけてみた。

「見たことはあるが、介護の現場で働いているわけでもないので、じっくりとは……」

言葉に詰まった室長の姿を見て、私は啞然となった。国家試験の問題すらまともに見たこともない官僚が主導し、受け入れのルールをつくっているのである。

「では、どれだけの外国人が国家試験に合格すると考えているのでしょうか」

質問を変えて私が尋ねると、室長からはこんな答えが返ってきた。

「フタを開けてみないとわからないが、一人も受からないというのは考えたくないところです」

それ以上、私には室長を責める気も起きなかった。彼は厚労省のキャリア官僚である。私などよりもずっと明晰《めいせき》な頭脳を持ち、ＥＰＡの問題についても十分にわかっているはずだ。しかし、厚労省という組織の人間としては、省で決めた方針に従って動くしか道はないのだ。さもなければ、自分の立場、そして生活までも失ってしまいかねない。

「合格者ゼロ」の悪夢が現実に

このインタビューからしばらくして、室長が恐れていた「一人も受からない事態」は、外国人看護師の国家試験で現実となった。介護士の場合、基本的には3年間にわたって現場で働かなければ、国家試験の受験資格が得られない。一方、同じEPAで来日した看護師は母国での資格が考慮され、翌年から国家試験を受けられた。そのため看護師は、介護士よりも早く国家試験に挑んだ。

そして第1回となる2009年の試験では、インドネシア人看護師82人が受験し、合格者はゼロに終わった。翌2010年には再受験組を含めてインドネシア人とフィリピン人の254人が挑み、やっと3人が合格する。日本人の合格率は9割にも及ぶ試験である。やはり外国人にとって日本語のハードルは高かったのだ。

外国人看護師の受験が散々な結果だったことは、新聞やテレビで大きく報じられた。大手メディアの論評は、看護師たちに同情的なものばかりである。

「せっかく来日してくれた人材を追い返すのか」

「外国人看護師たちがかわいそうだ」

そうした批判がメディアで巻き起こったのを覚えている読者も多いだろう。

外国人介護士たちは2012年から受験が始まる。看護師に続いて、介護士までも合格者が「ゼロ」になってしまうことは、厚労省としても避けたかったに違いない。介護の分野では、看護にも増して人手不足の問題が深刻だ。外国からの人材受け入れに関しても、看護以上に必要ではないかという声が挙がっていた。

そこで厚労省は、姑息《こそく》な手段に出た。外国人介護士の受験に合わせ、国家試験の難度を下げたのである。2011年には48・3パーセントだった合格率は、外国人介護士が初めて受験した2012年に突然、15ポイントも上昇して63・9パーセントに達した。明らかに厚労省が裏で操作したのである。

その年、外国人介護士は95人が受験し、本章の冒頭で紹介したマリシェルさんを含め36人が合格した。合格者「ゼロ」の事態は避けられたが、それでも37・9パーセントという合格率は、日本人よりずっと低い。すると再び、マスコミの批判が噴出した。

批判の矛先は、ルールをつくっている厚労省に向かった。するとまた、同省は外国人の合格率を上げようとさまざまな策を講じる。不合格でも一定の点数を取った外国人には、滞在を1年延長しての再受験が認められた。また、外国人に限っては試験時間を日本人の1・5倍に延ばし、さらには難しい漢字にルビを振ったりすることにもなった。そうした涙ぐましい努力によって、

2016年には合格率が50・9パーセント（日本人を含む全体の合格率は57・9パーセント）と、初めて50パーセントを上回った。

日本人の合格率との差が縮まったことで、新聞やテレビからも批判は出なくなった。厚労省としては、ホッと胸をなで下ろしていることだろう。だが、これでEPAは「成功」したといえるのか。

合格率が50パーセントを超えたとはいえ、合格者の数はわずか82人だ。介護業界で見込まれる「30万人」の人手不足の前では、どう見ても焼け石に水である。

80億円におよぶ税金の無駄遣い

EPAによる外国人介護士の受け入れが決まった当初、介護業界の期待は大きかった。インドネシアとフィリピンから初めて揃って介護士らが来日した2009年、受け入れ数は両国合わせて406人に達した。しかし、期待はすぐに失望へと変わっていく。2010年には前年の半分以下の159人、2011年には119人と、年を追うごとに受け入れ数も減っていった。

理由は「国家試験」である。介護士よりも先に国家試験に挑戦した看護師たちの結果が知れ渡り、介護士の受け入れにも影響したのだ。

介護施設としては、受け入れる外国人介護士には長く働いてもらいたい。だが、外国人看護師の「合格者ゼロ」という結果を見ると、介護士にとっても国家試験が難関となることは明らかだった。国家試験に不合格になれば、施設はせっかく育成した人材を失ってしまう。ならば最初から外国人介護士など採用しないでおこうと考え、受け入れに二の足を踏む施設が相次いだ。

しかも施設にとっては、外国人の人材を受け入れる費用は小さくない。介護士たちが仕事を始める前に、斡旋手数料や日本語研修費などで一人につき約80万円が必要となる。加えて彼らに支払う賃金も、「日本人と同等以上」という決まりがある。それだけ負担して介護士を受け入れても、試験に落ちれば短期間で帰国してしまうことになる。

介護士の受け入れ数が減っていったことは、厚労省の勝利を意味していた。本音では受け入れに反対している厚労省は、就労が長引かないよう「国家試験合格」というハードルを設けた。その狙いが的中したわけだ。

インドネシアとフィリピンからの介護士の受け入れは、それぞれ2年が経過しても予定した数の半分にも満たなかった。約束を果たせなければ、国際問題にもなりかねない。そうした状況を前に、厚労省は再び姑息な手段を使った。外国人介護士を受け入れた施設に対し、一人の受け入れにつき年23万5０００円をバラまき始めたのだ。名目は「国家試験対策」だったが、実態は受け入れを増やすための「補助金」にほかならない。

こうしたバラまきを含め、外国人介護士・看護師の受け入れに投入された予算は、２００８年からの４年間だけで80億円に上った。もちろん、私たちが納めた税金である。その間、国家試験の合格者は、介護士と看護師を合わせても１０４人に過ぎない。つまり、一人の合格者を出すために約８０００万円の税金がつぎ込まれたことになる。

そもそも「国家試験合格」というハードルは、厚労省が課したものだ。そのハードルの厳しさゆえに、介護士の受け入れは盛り上がらなかった。すると今度は、「国家試験対策」だと称して多額の税金を遣う。まさにマッチポンプである。

お役所によるお役所のための利権

こうした税金の無駄遣いの問題について、私は雑誌やネットメディアに繰り返し寄稿してきた。しかし新聞やテレビには、そんな視点はまったくなかった。「国家試験に不合格になって帰国する介護士はかわいそうだ」という報道ばかりが目立った。日本で「人権侵害」に遭う外国人実習生を哀れむのと同じスタンスである。

だが、私に言わせれば、「かわいそう」なのは介護士などではない。政府によって貴重な税金を無駄遣いされている私たち国民のほうなのだ。

結局、厚労省がつくったルールは、誰のためにもならなかった。来日した介護士らは、多くが国家試験「不合格」という烙印《らくいん》を押されて強制帰国となる。受け入れ施設にしろ、長期的に働いてくれる人材が確保できなくなった。そして介護士からサービスを受ける入居者も、せっかく馴染んだ頃に別れることになる。

にもかかわらず、制度やルールが見直されることなく、現在まで中途半端《ちゅうとはんぱ》な形での受け入れが続いている。現状の制度を利権にしている輩がいるからだ。それは厚労省をはじめとする官僚機構である。

介護士らは施設に配属される前、日本語の研修を受ける。そうした研修は受け入れが始まってからの数年間、経産省と外務省の傘下《さんか》機関が独占して担っていた。両省は厚労省とともにEPAを担当する官庁で、介護士らの受け入れのため予算がある。その予算を使い、みずからの天下り先に「日本語研修」という仕事を割り振っていたのだ。

さらに罪深いのが厚労省である。介護士らを施設へ斡旋する権利は、同省OBの天下り先である公益社団法人「国際厚生事業団」（JICWELS）が独占している。「斡旋」といっても、単に介護士を施設に割り振るだけのことだ。それだけで、JICWELSには一人につき約13万円の手数料が入る。厚労省は介護士らの受け入れに反対しながらも、裏ではしっかりと利権を増やしていたのである。

介護士らのやりとりが官僚の利権になっているのは、受け入れ側の日本だけではない。送り出し国の政府機関も同様で、フィリピンとベトナムの場合は一人につき450ドル（約4万800

０円）、インドネシアも３４８万ルピア（約3万円）が入る仕組みだ。負担するのは、介護士らを受け入れる日本の施設である。

これまでも新たな政策がつくられるたび、官僚は新たな利権を手に入れてきた。外国人労働者に関する政策も例外ではない。第３章では、外国人実習生の受け入れが利権になっていることに触れた。ＥＰＡによる外国人介護士の受け入れもまったく同じことである。こうした事情は、受け入れ施設も十分にわかっている。これでは彼らがしらけ、ＥＰＡにそっぽを向くのも当然だ。

日本を棄てる国家試験合格者たち

一方で、厚労省にとっても想定外だったであろう状況も生まれた。介護福祉士の国家試験に合格しても、母国へ帰国する人材が相次いでいるのだ。その割合は４人に1人にも達する。

インドネシアやフィリピンは、日本のような「先進国」ではない。賃金を考えても日本で働いたほうが稼げるはずだ。せっかく日本で長期にわたって働ける権利を得たというのに、なぜ日本から去っていく人が後を絶たないのか。

インドネシア人のナニンさん（30歳）は、「介護福祉士」の資格を得ながら母国へ戻った人材の一人である。

彼女はインドネシアの首都ジャカルタ郊外の出身だ。インドネシアの看護大学を卒業した後の

２００８年、ＥＰＡの第1陣で介護士として日本にやってきた。インドネシアでは「看護大学卒」という肩書は、日本にもましてステータスが高い。本当は日本にも「看護師」として行きたかった。しかし、日本側が看護師に「２年以上の実務経験」という条件を課していたため、仕方なく介護士として来日した。

配属先となった三重県の介護施設で仕事をしながら、国家試験に向けた勉強を続けた。そして２０１２年、見事合格を果たした。しかし、せっかく難関を突破したのに、日本で仕事を続ける道を選ばなかった。その理由を尋ねると、流暢な日本語でこんな答えが返ってきた。

「日本での生活や仕事に不満はありませんでした。でも、両親からインドネシアに戻ってくるように言われたのです」

インドネシアに戻ると、すぐに日系企業で通訳の仕事が見つかった。月収は6万円程度である。日本で介護士をしていた頃の半分にも満たなかったが、不満はなかった。それよりも、家族と一緒に暮らせる喜びのほうが大きかったのだ。

その後、彼女は公務員のインドネシア人男性と結婚し、子どもをもうけた。仕事は一時中断することになったが、子どもが少し大きくなったら再開するつもりだ。彼女の語学力をもってすれば、仕事はすぐに見つかるに違いない。

カナダ、中東に人材を奪われる

多額の税金を遣って育成した人材を失い続けている日本——。そんな日本を尻目に、先進国の間ではアジアの若い人材の獲得競争が激しさを増している。とりわけ人気が高いのがフィリピン人である。

かつて米国の統治下にあった歴史も影響し、フィリピン人には英語の上手な人が多い。しかしフィリピン国内では仕事は限られ、賃金もまだまだ低い。外国人の出稼ぎを欲する国にとっては、英語が得意で、しかも低賃金で雇えるフィリピン人は貴重な存在だ。

フィリピン人の出稼ぎ先としては、サウジアラビアやカタール、アラブ首長国連邦など石油で潤《うるお》う中東諸国が最も多い。男性は主に建設現場での肉体労働、女性はメイドや看護師などとして働いている。

一方、フィリピン人にとっての憧れは、女性であれば「カナダ」である。英語圏の欧米先進国で、永住権まで得られる可能性が高いからだ。

カナダには「住み込みケアギバー・プログラム」（LCP）という制度がある。「ケアギバー(Caregiver)」とは、家族の食事の準備から子守り、老人のいる場合は介護まで担う仕事のことだ。住み込みのメイドと同じで、カナダに限らず、欧米先進国や中東諸国などの裕福な家庭では、外国人を雇うケースが多い。

ＬＣＰでは、２０００年代後半には年1万人を超えるフィリピン人女性が採用された。最近はカナダ政府の方針で数を減らしているが、それでも毎年５０００人前後がフィリピンから受け入れられている。

彼女たちが受け取る賃金は月15万円から20万円程度だ。カナダの物価を考えれば決して高くないが、２年間の契約を満了すれば永住権が与えられる。その後は、カナダ人と同様、自由に仕事に就くことができる。

ＥＰＡで来日したフィリピン人介護士たちにも、もともとカナダが第1希望だった人は多い。冒頭で紹介したマリシェルさんもそうした一人である。

「フィリピン人が外国で仕事をするとき、家族を呼び寄せられるかどうかは重要なポイントになります。だから永住権が取れ、しかも英語が活かせるカナダは人気なのです」

２００９年にＥＰＡで来日したクリスティン・ガルシアさん（30歳）は、２０１３年に介護福祉士の国家試験に合格した。現在、愛知県の介護施設で働く彼女も、かつてはカナダで働くことを目指していた。

「私の友人にもＬＣＰでカナダに移住した人がいます。ケアギバーをやりながら勉強し、看護師などの資格を取る人もたくさんいるんです」

ケアギバーから看護師へとステップアップすれば、2倍以上の収入が見込める。また、フィリピンから夫や子どもを呼び寄せても、英語が通じるカナダでは仕事を見つけやすい。人材獲得のための競争力という点で、日本には英語圏の先進国と比べて言葉のハンディがある。加えて、受け入れの条件も決してよいとはいえない。

日本のEPAでも、介護福祉士や看護師の国家試験に合格すれば、母国から夫や子どもを呼び寄せることはできる。ただし、夫が来日しても「配偶者ビザ」での滞在となるため、仕事は「週28時間以内」までしか許されない。そもそも日本語が不自由な家族が来日しても、日本で暮らしていくことは大変だ。

フィリピンに注目するドイツ

フィリピンの人材に対しては、英語圏以外の先進国も関心を示し始めている。日本と同じく少子高齢化の影響で、介護や看護を担う人材が不足し始めているからだ。たとえば、ドイツがそうである。

EPA介護士として日本で働いていたアナベル・コルテス・デレオンさん（40歳）は2013年、国家試験に不合格となってフィリピンへと帰国した。フィリピンの看護師資格を持つ彼女は、資格を活かして次はドイツでの就労を目指すことにした。

「ちょうどドイツがフィリピン人看護師の受け入れを始めたと聞いて、看護師をしている夫と一緒に応募しました。条件もよく、日本での経験も活かせると思ったのです」

アナベルさん夫妻が応募したのは、ドイツがフィリピンなどとの間で2013年から始めた「トリプル・ウィン」という看護師の受け入れプロジェクトだ。受け入れの対象国はフィリピンに加え、セルビアとボスニア・ヘルツェゴビナという東欧の2つの国で、1年に2000人の受け入れを目標に始まった。

それまでドイツは、主に東欧から人材を受け入れていた。2013年からはベトナム人看護師・介護士の受け入れを開始し、さらに英語圏の先進国でも人気の高いフィリピン人をリクルートし始めたのだ。

なぜ、ドイツが「フィリピン」に注目したのか。受け入れを担当するドイツの政府機関「ドイツ国際協力公社」(GIZ)広報担当のカルメン・フセラー氏はこう話す。

「訓練されたプロ(看護師)に余剰人員がいる国に限って選びました。対象国で人手不足を引き起こしてしまうことは好ましくありません。また、仕事にスムーズに馴染んでもらうためにも、ドイツの(看護)資格システムと共通性があることも考慮しました」

ドイツでは近い将来、10万人規模で看護師が不足する。そうした人手不足解消のため外国人を受け入れるという目的を明確にしたうえで、対象国を選別する。そして人材に余裕があって、しかも看護レベルの高いフィリピンを選んだということである。目的もあいまいなままで、意味不明な受け入れをしている日本とは大違いだ。

もう日本に人材は来ない

トリプル・ウィンは、日本のＥＰＡと似た制度である。外国人看護師が仕事を始める前には、ドイツ側の負担で語学研修が行われる。また、母国で資格を持っていても、ドイツで改めて国家試験に合格しなければ正式に「看護師」とは認められない。ただし、試験のやり方は日本とはまったく異なっている。フセラー氏によれば、外国人看護師がドイツで資格を得るためには２つの方法があるという。

「１つが、ドイツ語での口頭試験と実技試験に合格することです。そしてもう１つが、ドイツの病院でインターンとして一定期間働いた後、勤務先でドイツ語の口頭試験を受けて合格すること。ちなみに（フィリピンに先立って）ボスニア・ヘルツェゴビナから受け入れた看護師は75人全員が合格しました」

日本の国家試験は筆記試験である。しかしドイツの場合、口頭試験で行われる。ドイツが受け入れる外国人看護師たちは母国での有資格者だ。看護や医療の知識は持っていることを前提として、ドイツ人の医師や患者とのコミュニケーションがきちんと取れるかどうかを「口頭試験」で見極める。実に理にかなったやり方である。

日本が受け入れたEPA看護師の場合、2016年の合格率は11パーセントだった。「過去最高」の合格率だとはいえ、429人が受験して合格者は47人に過ぎない。ドイツが「合格」を前提に外国人看護師たちを受け入れているのに対し、日本は意図的に「不合格」にしているわけである。

欧州各国でも今後、少子高齢化による人手不足は進んでいく。ドイツが看護師や介護士の受け入れを拡大したり、ほかの欧州諸国がドイツに倣《なら》ってアジアからの人材獲得に乗り出したりすれば、日本が質のよい人材を集めることはさらに難しくなるだろう。

「台湾化」する介護現場

近い将来、日本はEPAに加え、実習制度を通じて外国人介護士を受け入れることになる。だが、実習生として来日する人材の語学力は、多額の税金まで投入して育成されたEPA介護士たちとは比べものにならない。介護分野の実習生の入国条件となる日本語能力試験「N4」レベルは、簡単なあいさつが交わせる程度に過ぎないのだ。

また、実習生にはEPA介護士のように国家試験の受験は認められない。ほかの職種の実習生と同様、最長3年で日本から去っていくことになる。つまり、完全に短期の出稼ぎということだ。そんな条件で、人材の質など担保できるはずもない。

ＥＰＡは人材の「質」を重視し、じっくりと日本語を教えたうえで仕事に就かせる制度だ。「人手不足対策」という目的を明確にして、「国家試験」という理不尽なハードルなど設けていなければ、かなりの成果も期待できた。一方、実習制度では、ＥＰＡとは反対に「質」よりも「数」が重視される。

「数」を追い求めれば、日本の介護現場は「台湾化」していくことになる。台湾の人口は約２４００万人と日本の5分の1程度だが、25万人もの外国人介護士が働いている。国籍はインドネシア人を筆頭にベトナムやフィリピンなどが中心だ。ビザは3年ごとの更新で最長12年まで働けるが、永住は認めていない。

台湾では日本のような介護施設は普及しておらず、外国人介護士は台湾人の家庭に住み込んで働くケースが大半だ。月収は6万円弱で、同じ住み込みで働くカナダの3分の1程度である。

外国人介護士に中国語の能力は問われないため、言葉に不自由な人が多い。しかも住み込みとあって、賃金の未払いや介護士への暴力といったトラブルも頻発している。仕事の大変さもあって、ビザを更新してまで台湾に留まる介護士は少数だ。

日本の実習制度では、台湾の2倍近くの給与が得られる。施設での仕事は、住み込みよりも楽だろう。そう考えれば、日本が外国人介護士の「数」を確保することは難しくない。しかし問題は人材の「質」である。

台湾は外国人介護士の「質」には拘《こだわ》らず、低賃金で働く労働者の「数」を追求している。しかし日本には、台湾のような覚悟があるとは思えない。

かといって、ドイツのように「質」の高い人材を自国に取り込んでいこうとする姿勢もない。せっかくＥＰＡで育成した人材を追い返し、一方では新たに実習制度を導入するというやり方が、どっちつかずの日本の中途半端さを象徴している。

欧米の先進国は、永住を前提にアジアから看護や介護の人材を受け入れ始めた。短期間で使い捨てるのではなく、技術や能力を持った外国人を移民として社会に取り込むつもりなのだ。外国人の人材を活用し、自国の弱い部分を補おうという目的も明確である。

欧米に加えアジアでも、また高齢化の進む中国も近い将来、人材の獲得に乗り出してくるだろう。国際的な人材獲得競争が激しさを増したとき、日本は何を「売り」にして、どんな方針で臨むつもりなのだろうか。

第5章　日本を見捨てる日系ブラジル人

半減した「移民」

「日本も移民を受け入れるべきかどうか」

人手不足が深刻化するなか、そんな議論が少しずつ聞かれるようになってきた。

だが、すでに日本は1990年代の初めから移民を受け入れ続けている。南米諸国出身の日系人たちである。その数は、2000年代後半にはブラジル出身者だけで32万人に達したほどだ。

日系人の受け入れも、きっかけは「人手不足」だった。バブル期に人手不足が進み、日本国内には不法就労の外国人が急増した。そこで政府は合法的に外国人を労働者として受け入れる方法を模索し、そしてたどり着いたのが、「日系人」だった。

ブラジルなど南米諸国にはたくさんの日系人がいる。日本人の血を引く彼らならば、日本の生活や文化にも馴染み、労働者として役に立つと考えたのだ。そして1990年、政府は日系人が日本で働けるよう「出入国管理及び難民認定法」（入管法）を改正し、さらには定住や永住への道を開いた。つまり、彼らが将来、移民として日本に住み着くことを認めたわけだ。その結果、最も多く来日することになったのがブラジル出身の日系人である。

1980年代後半、ブラジル経済は日本とは逆にどん底にあった。年率1000パーセント以上にも及ぶハイパーインフレに襲われ、国民の生活は破綻《はたん》寸前だった。そこに日本での就労が許可されたことで、日系人の間で「出稼ぎブーム」が巻き起きる。

入管法改正前の1989年、日本に住むブラジル出身者の数は約1万5000人に過ぎなかった。それがわずか20年で、20倍にも膨れ上がったのだ。

最長3年までしか日本で働けない外国人実習生とは違い、日系人には就労期限はない。しかも日本人と同様、自由に職業を選ぶことができる。10年、20年と日本で暮らし、実質的な移民となっていた日系ブラジル人も多かった。

しかし2008年以降、日系ブラジル人の数は減少に転じた。きっかけは「リーマン・ショック」による不況である。

その後、日本の景気は回復に転じた。人手不足はバブル期にもまして深刻で、日系ブラジル人にも仕事はいくらでもあるはずだ。にもかかわらず、日本にいるブラジル出身者の数は、ピーク時の半分近い約17万人まで減っている。

日本にルーツを持つ日系ブラジル人は、ある意味、日本人に最も近い外国人だといえる。そんな彼らをも、日本は「移民」として社会に取り込めなかった。仮に日本が将来、移民を受け入れるというのなら、その原因を分析しておく必要がある。

日系ブラジル人たちは、なぜ日本を捨て、ブラジルへと戻っていくのか。そして日本に残っている人は、何を思い暮らしているのか――。

「ブラジル・タウン」美濃加茂

リーマン・ショック後から、私が定期的に取材を続けている町がある。岐阜県南部に位置する美濃加茂《みのかも》市である。

ＪＲ名古屋駅から特急列車で40分。美濃加茂は木曾《きそ》川に沿って上っていった先にある。飛驒《ひだ》山脈の手前に広がる平野の町だ。

この町には数年前まで大きな特徴があった。約5万5０００の人口に占める外国人住民の割合が1割を超え、全国の自治体でも群馬県大泉町に次ぐ高さを誇っていたのだ。

その多くが日系ブラジル人で、最盛期の２００7年にはブラジル出身者の数は約３８００人に上った。「ブラジル・タウン」といえば大泉町が有名だが、美濃加茂の賑《にぎ》わいも相当だった。

私が美濃加茂を初めて訪れたのは、リーマン・ショックの余波が残っていた２０１０年1月のことだ。この頃、日系ブラジル人はすでに減少し始めていたが、町には「ブラジル」が溢れていた。町の中心にあるＪＲ美濃太田駅から南に延びる商店街には、ブラジルの大手銀行が支店を構え、ブラジル人学校や教会、スーパーやレストランなども軒《のき》を連《つら》ねていた。行き交う人にも、一目で南米出身とわかる人が少なくない。日系人も3世になると混血が進み、また配偶者の資格で入国している日系人以外のブラジル人もいる。

なぜ、美濃加茂に日系ブラジル人が集まったのか。それは彼らの「仕事」と関係している。日系ブラジル人の多くは製造業の工場で派遣労働に就いた。彼らは概して日本語が得意ではないため、語学力を問われることのない仕事を求めた。工場のラインなどでの仕事なら語学力が要らず、賃金も悪くなかった。

美濃加茂のある東海地方は、自動車や電機関係の製造業が盛んだ。人手不足に直面していた大規模な工場も多かった。そのため静岡、愛知、岐阜、三重の4県に日系ブラジル人の7割が集中することになった。

美濃加茂には、最盛期には日系ブラジル人だけで数百人を雇用していた大規模なソニー系の工場などもあった。そうした拠点となる職場の周辺には、日系ブラジル人向けのレストランやスーパーが生まれ、コミュニティもできていく。入管法が改正された1990年、町に住む日系ブラジル人はわずか6人だった。それが十数年で4000人近くまで膨れ上がっていき、全国有数の「ブラジル・タウン」となっていったのだ。

「出稼ぎ」と「移民」の狭間で

美濃加茂を初めて訪れた2010年1月に出会った日系ブラジル人で、今も印象に残っている人がいる。サンパウロ出身の日系2世、小林パウロさん（当時47歳）だ。

小林さんの父親は長野県、母親は山形県の出身で、ともに1950年代にブラジルへと移り住んだ。戦後の貧しさのなか、日本からブラジルへと多くの移民が海を渡っていた時代である。ブラジルの日本人移民といえば「農業」のイメージが強い。だが、小林さんの父親は日本で身につけた技術を活かし、電気関係の修理屋を始めた。小林さんによれば、家はとても貧しかったという。

「子どものときからお父さんの仕事を手伝った。だからボクは、小学校しか行ってないの」

小林さんは1987年に結婚した。しかし猛烈なインフレが進行し、生活は厳しくなる一方だった。そんなとき、新聞に載っていた求人広告に、小林さんは釘づけになった。人材派遣会社が掲載した日系人向けの広告で、日本で働けば「月30万円以上」が稼げるというのだ。

ブラジルで仕事をしても、月の収入は1万円にも満たなかった。「月30万円以上」は夢のような金額である。小林さんはすぐに応募し、1989年に生まれて初めて日本の地を踏んだ。

1989年といえば、新入管法が施行される1年前である。日系人であっても、日本での就労は認められていなかった。しかし、日本には外国人の不法就労者が溢れていた。バブル期で人手が不足していたため、政府が厳しく取り締まっていなかったのだ。

来日した小林さんは、岐阜県内にある自動車関連の下請け工場で働き始めた。不法就労でも時給は1300円になった。少しでも多く稼ごうと、小林さんは日本人の嫌がる残業も進んでやった。多い日では一日14時間も働き、月収は40万円を軽く超えた。

1年ほど働いた後、小林さんはいったんブラジルへと戻った。そして日系人として就労可能なビザを正式に得て、１９９1年に再び来日する。この頃から、小林さんのきょうだいや従兄弟たちも、次々と日本へと出稼ぎに来るようになった。先に日本へと行った人たちの「成功」が、口コミで広がっていたからだ。こうして日系ブラジル人社会では、日本への出稼ぎがブームになっていく。

二度目の日本で再び1年間働いた小林さんは、ブラジルへ帰国して電気関係の販売店を始めた。しかし商売はうまくいかず、１９９８年に三度目となる日本にやってくる。日本で稼いだカネを元手に、ブラジルで商売を始める。そして失敗して日本へと舞い戻ってくる――。当時の日系ブラジル人の典型的なパターンである。

三度目の日本で、小林さんは美濃加茂に住み始めた。今回は妻と３人の子どもを伴っての来日である。

日本の景気は低迷期に入っていたが、製造業では仕事はいくらでもあった。小林さんが働き始めたのは、生コンクリートの製造工場である。時給は最高で１５００円にもなったが、かなり力の要る肉体労働だ。日本人には敬遠されるため、同僚の半分以上は日系ブラジル人だった。

小林さんの３人の子どもたちは来日時、いちばん上の長女が13歳、長男が12歳、次女が５歳だった。上の2人は中学校に入学する年齢だが、日本では学校にまったく通っていない。しばらくすると、大人たちに混じって工場で働き始めた。

日本人の子どもであれば、中学までは義務教育だ。しかし日系ブラジル人の子弟には、学校に通っていない子どもが少なくなかった。外国籍ということで、行政も放置していたのである。こうした外国籍児童の未就学問題は、その後も長く続いた。

子どもに教育を受けさせるのは親の責任だ。しかし当時、日本の学校にも受け入れ態勢が整っていなかった。いきなり中学から日本の学校に入っても、とても授業についていけるような環境ではない。そんなことも影響し、14〜15歳で仕事をしている日系ブラジル人の子どもは珍しくなかった。

子どもたちが働く場所もすぐに見つかった。人手不足の工場が、喜んで雇ったからだ。しかも子どもということで、最低賃金も守られない。もちろん、法律に違反する行為である。小林さんの子どもたちは14歳で仕事を始めたが、時給はわずか500円だった。

こうして小林さん一家は、夫婦と子ども2人という4人の働き手を抱えることになった。全員が製造業の派遣労働者である。それでも子どもたちが大人と同じ仕事をできるようになると、一家の収入は月100万円以上にもなった。

三度目の来日を家族と一緒に果たした頃、小林さんは出稼ぎの期間を「3年間」と決めていた。しばらくすればブラジルへ戻るという意識も、子どもたちが学校に通わない言い訳になっていた。しかし、一家で月に100万円以上も稼げてしまうと、日本から離れる決心がつかなくなった。ブラジルに戻っても、仕事のあてはない。とはいえ、「移民」として日本に骨を埋める覚悟もなかった。

同じ会社に10年も勤めた小林さんには、派遣労働者から正社員になるチャンスもあったかもしれない。だが、ずっと派遣労働者を続けた。正社員よりも手取りが多かったからである。そうやって「出稼ぎ」と「移民」のどっちつかずの状態で、ずるずると日本の生活が長くなっていく。

派遣切りで4割が失業

2000年代に入ると、不況がいっそう鮮明になった。それでも日系ブラジル人の数は右肩上がりで増え続けた。企業では正社員を減らし、派遣労働者に切り替える動きが強まっていた。自民党・小泉政権のもとで進んだ規制緩和《かんわ》に後押しされてのことだ。そんななか、日系ブラジル人の派遣労働者が重宝されたのである。

そうした状況も「リーマン・ショック」で一変した。2008年9月、米国の大手投資銀行「リーマン・ブラザーズ」が経営破綻する。前年に表面化したサブプライムローン問題によって、米国の金融バブルが崩壊し始めたのだ。その影響は瞬《またた》く間に世界へと広がった。

日本の製造業への影響も大きく、生産調整の動きが強まった。従業員は派遣労働者から解雇されていく。そうした「派遣切り」の対象として、日系ブラジル人は格好の対象だった。

小林さんの家族では、2008年12月に妻が仕事を失った。続いて2009年2月、長男も解雇された。当時、美濃加茂の日系ブラジル人たちの失業率は、4割にも上ったとされる。

09年3月、小林さんの妻と長男、次女がブラジルへと帰国した。次女は16歳になっていたが、高校へは通っていなかった。長女は日本で知り合った日系ブラジル人と結婚し、ひと足早くサンパウロへと戻っている。家族で小林さんだけが美濃加茂に残された。

日系ブラジル人の失業問題は、美濃加茂に限った話ではなかった。派遣切りは全国で相次いだ。失業者を放置しておけば、治安の悪化にもつながる。そこで政府は、日系ブラジル人の帰国を促す政策を取った。「帰国支援金」の制度を設け、母国への帰国を希望する日系人に対し、一人30万円（扶養《ふよう》家族は20万円）を支給することにしたのだ。2009年4月から1年間にわたって続いた制度を使い、2万人以上の日系人が帰国していく。

帰国支援金に対しては、海外メディアから「日本政府は日系人に手切れ金を渡し、日本から追い出した」といった批判が相次いだ。政府にも言い分はあるだろう。しかし、確かなことが1つある。日本は日系人に永住の道こそ開いていたが、彼らを積極的に「移民」として取り込む意思などなかったのだ。

それは日系ブラジル人子弟の教育問題ひとつ取っても明らかである。子どもたちが日本の学校に馴染めない問題は当時から指摘されたが、対応は自治体に任せ、国としての支援は怠《おこた》った。また、大人たちに対しても、日本語の習得支援はなされなかった。やがて日系人たちは国に帰ってくれるだろう。本音ではそう望み、彼らを都合よく「出稼ぎ」として利用しようとした。そして日系人の側も、日本への「移民」を望む人は多くはなかった。

親と日本の犠牲になった子ども

家族がブラジルへ帰国した数ヵ月後の２０１０年1月、小林さんも10年以上働いた生コンクリート工場を解雇された。私が彼と出会ったのは、その直後のことだ。

帰国支援金の支給は2ヵ月後に終わる。その前に、小林さんは支援金を受け取って帰国しようと決断したばかりだった。

「(ブラジルに買った) マンションのローンが終わるまで日本で働きたかった。でも、仕方ないね」

小林さんの表情は晴れ晴れとしていた。失業によって、やっと日本を離れる決心がついたからだろう。

最初の来日から、すでに20年以上の歳月が経過している。その間、ブラジル経済は成長し、為替相場も大幅な円安となった。たとえ仕事はあっても、日本で働くメリットは薄れていた。

日本で稼いだ金で、小林さんはサンパウロに2軒のマンションを買っている。うち1つの値段は購入時の3倍になった。ブラジルに戻ったら、自動車の修理工場を始めるつもりだという。

「日本で永住？（その気は）全然なかった。だって、（日本での生活は）疲れるよ。ブラジルは楽しいよ。土曜と日曜は友だちとパーッと遊ぶ。パーティ、パーティよ（笑）」

日本で長く暮らしてきたというのに、小林さんはカタコト程度の日本語しか話せなかった。

私は美濃加茂で多くの日系ブラジル人と出会ってきたが、日本語の問題は小林さんに限ったことではない。

工場の派遣労働では、日本人とのコミュニケーションはほとんど必要ない。美濃加茂で暮らしていれば、普段の生活も日本語なしで足りる。仕事以外の付き合いも、同胞だけという人も少なくない。だから日本語が上達しないのだ。

「そのうちブラジルへ帰るのだから」という意識も、日本語の学習意欲をそいでいた。事実、日系ブラジル人たちは2〜3年程度の出稼ぎのつもりで来日した人がほとんどだ。

「日本で3年働けば、ブラジルで家が建つ」

そんな話も昔は定説になっていた。出稼ぎで得た金で、母国にマンションや家、土地を買った人はたくさんいる。だが、それだけで出稼ぎは終わらなかった。

日本で働き続ければ、ブラジルでは考えられないほどの収入が得られた。しかもブラジルに帰ったところで、仕事があるわけでもない。年齢を重ねればなおさらだろう。そのため３年のつもりの出稼ぎは５年、10年、15年と延びていく。

派遣労働にしろ、みずからの選択でもあった。条件のよい職場が見つかれば、躊躇《ちゅうちょ》なくそちらへと移っていく。仕事は単純作業の繰り返しだから、転職してもすぐに覚えられる。とはいえ、技術の習得もなければ、キャリアがアップしていくこともない。

そうした日系ブラジル人たちを日本も都合よく利用した。企業にとっても、彼らが派遣労働者のままでいてくれたほうが便利だった。仕事が増えれば彼らを雇い、減ればいつでも解雇できるからだ。

笑顔で取材に応じていた小林さんの表情が、一度だけ曇ったときがあった。

「日本での生活でやり残したことはありますか？」

そう尋ねたときのことだ。

「子どもたちが学校に行かなかった。勉強できなかったね……」

小林さん自身、小学校も卒業していない。そして長男と長女も父親と似た学歴しか得られなかった。そこに小林さんは親としての責任を感じている。

日系ブラジル人たちは長く「出稼ぎ」を続けながらも、日本で「移民」になろうとはしなかった。そうした中途半端な生活を親たちが続けた結果、教育の機会が失われた子どもたちは多い。そんな子どもたちに対し、日本は社会として十分な支援をしてこなかった。一部の企業に至っては、低賃金の労働者として利用さえもした。日系ブラジル人の子どもたちは、親と日本社会の犠牲になったともいえる。

「ソニー・ショック」

私が初めて美濃加茂を訪れてからちょうど6年後の2016年1月――。日系ブラジル人の多くが去った美濃加茂の駅前商店街は、シャッターを降ろしたままの店が目立った。

リーマン・ショック翌年の2009年だけで、町から約800人の日系ブラジル人が去った。その後も減少は止まらず、日系ブラジル人の数は2016年2月時点で1805人まで落ち込んだ。リーマン・ショック前と比べ、半分以下である。

美濃加茂では2013年3月、リーマン・ショックに追い打ちをかける出来事があった。ソニー子会社「ソニーイーエムシーエス」の工場が閉鎖されたのだ。工場は美濃加茂では最大の2700人を雇用していた。その閉鎖は地元で「ソニー・ショック」と呼ばれたほど影響が大きかった。工場では日系ブラジル人を中心に約800人の外国人も働いていたが、全員が職を失うことになった。

ただし、リーマン・ショック後も日系ブラジル人が減り続けたのは、なにも美濃加茂に限った話ではない。全国的に見ても、日系ブラジル人の帰国ラッシュは止まっていないのだ。

人手不足はバブル期を凌ぐほど進んでいる。日系ブラジル人の多くが働く製造業も例外ではない。にもかかわらず、彼らの減少に歯止めがかからない。

リーマン・ショック後に帰国支援金を受け取って帰国した人たちは、3年間は再来日が許されなかった。その3年もすでに過ぎている。そもそも支援金をもらった日系人は、2万人を少し上回る程度だ。それよりもずっと多くの人が支援金など受け取らず帰国していて、再びいつでも日本で働ける資格がある。

しかも今、ブラジル経済はどん底の状況だ。中国を始めとして新興国の景気減速が顕著になっているが、なかでもブラジルの場合はひどい。中国は減速したといっても6パーセント台の経済成長を維持している。それがブラジルの場合、2015年には3パーセントのマイナスを記録した。

さらには、ブラジル通貨のレアルも下落が続く。1995年時点で100円を超えていた1レアルは、リーマン・ショック後の2009年になると50円を割り込み、最近では30円前後まで急落している。レアル安は日本での出稼ぎには追い風のはずなのだ。

若者はブラジルへ帰っていく

人材派遣会社を営む日系2世の林田剛さん（55歳）は、美濃加茂に隣接する可児市に1986年から住んでいる。日系ブラジル人社会のパイオニアとして、またビジネスを通しても同胞たちの状況を眺めてきた。日系ブラジル人の帰国ラッシュについて、林田さんはこう話す。

「ひとことでいえば、日本で出稼ぎする魅力がなくなったということです。20年前と比べ、ブラジルの物価はものすごく上がった。3年ほど出稼ぎすれば、ブラジルに家が買えるような時代ではありませんからね」

かつて日系ブラジル人が出稼ぎに押し寄せたのは、ブラジルと日本に大きな経済格差があったからだ。その格差が、20年の間にかなり縮まった。いくらブラジルの経済状況が悪いとはいえ、日本での出稼ぎにはもう、かつてのようなメリットはないのだ。

「選ばなければ（日系ブラジル人がやる）仕事はいくらでもあるんですよ。だけど最近は、日系ブラジル人もきつい仕事は嫌がってやりたがらない」

林田さんの日本語は、日本人と遜色《そんしょく》ないほどにうまい。同胞のまったくいない環境で、一人で苦労した経験があるからだ。

熊本県出身の両親のもとサンパウロ郊外で生まれた林田さんは、26歳のときに観光ビザで来日し、知り合いの紹介で自動車関連の下請け工場で働き始めた。以降、ブラジルへは一度も帰っていない。

「今の（日系ブラジル）人は、僕らの頃とは意識が違います。稼いだカネですぐに携帯や車を買って、飲みにも出かける。それじゃあ、出稼ぎの意味なんてないですよ。僕なんか、日本にやってきた頃は仕事だけやっていた。月曜から土曜までは朝6時から夜1時まで働き、日曜も午前9時から午後3時まで工場のペンキ塗りなどやらせてもらっていたんです」

会社が用意した寮に住み、食事も会社の食堂で取った。生活費に使うのは月3万円のみで、残りの収入はすべて貯金に回していた。そんな生活を経験しているだけに、「今の人」が甘く映ってしまうのだ。

林田さんが可児にやってきた翌年、日本人の両親も後を追って来日した。さらには弟や従兄弟、伯父や伯母なども次々とやって来る。日本で結婚することになる日系ブラジル人の妻の家族も合わせれば、30人以上が日本で働くことになった。

林田さんの父には先見の明があった。多くの同胞が派遣労働を希望するのに着目し、いち早く人材派遣のビジネスを始めたのだ。会社は「出稼ぎブーム」の波に乗って急成長を遂げた。

2003年に父が他界した後は、林田さんが経営を引き継いだ。リーマン・ショック前には400人の従業員を抱え、売り上げは10億円にも達した。ビジネスを多角化し、ブラジル食材などを扱うスーパーの経営も始めた。そうやって林田さんは、日系ブラジル人社会で有数の成功者となっていく。

そんな彼にとっても、リーマン・ショックの影響は大きかった。従業員の派遣先企業から契約を打ち切られるケースが続出し、ビジネスを大幅に縮小することになった。現在では従業員は１００人程度、売り上げも3億円を切るまでに落ち込んでいる。

「現在の時給は、男性で１０００円から１３００円、女性だと8割が１０００円以下。男女差があるのは、男性の場合は重労働ができるからです。時給はリーマン・ショック前まで戻っていない。いい時代を知る人にとっては厳しいよね」

林田さんの親戚にも、日本からブラジルへと帰国する人が少なくない。妻の弟2人はリーマン・ショック後、相次いでブラジルへと戻った。弟の一人はレストランを始め、もう一人も食品関係のビジネスを立ち上げた。妻の従兄弟も２０１４年になって帰国し、日本で技術を学んだ寿司の移動販売で成功しているという。

「昔は日系人がブラジルで商売をやっても、たいていは失敗していたんです。それが最近は、成功する人も少しずつ増えている」

ブラジルの経済成長に惹《ひ》かれてか、日本で育った日系ブラジル人の若者たちの帰国も目立っている。林田さんの姪も、2年前に16歳でブラジルへと渡っていった。彼女は日本生まれだが、中学を途中で辞めていた。その後、ネイルアートを勉強し、ブラジルのネイルショップで働いているのだという。

林田さん自身の娘（21歳）は専門学校を卒業し、名古屋でエステ関係の仕事に就いた。だが、ブラジルで働くことにも興味を持っている。

「この前、娘が初めてブラジルに遊びに行ったんです。私なんか30年間、一度も帰ってないのにね（笑）。若い人たちは、可能性があるからね。日系ブラジル人の若者たちも、可能性を求めてブラジルへと帰っていくんです」

日系ブラジル人社会のエリート

学校に通わなかったり、途中でドロップアウトしてしまったりする日系ブラジル人の子どもの割合は、日本人の比ではない。そんななか、国立の岐阜大学教育学部出身で、行政書士の国家資格も持つ渡辺マルセロさん（37歳）は、ブラジル人社会きっての「エリート」と呼べる存在だ。

渡辺さんはリオデジャネイロ出身の日系３世である。13歳だった１９９１年、両親と妹と一緒に日本にやってきた。中学に入学する年齢だが、日本語がまったくできなかったため、両親は渡辺さんを小学６年のクラスに入れた。２世の両親も日本語は得意ではない。渡辺さんの苦労は並大抵ではなかったはずだ。

美濃加茂の公立中学に入学したときには、同級生に6人の日系ブラジル人がいた。しかし、時間が経つうち周囲に同胞の姿は減っていく。中学を卒業したのは渡辺さんを含め2人、高校に進学したのは彼だけだった。そして高校でも猛勉強を続け、現役で岐阜大学教育学部に合格した。

「僕は良くも悪くも従順な性格なんです（笑）。高校では、テストの点数が悪いと正座が待っていた。それが嫌でとにかく勉強していました」

渡辺さんは謙遜するが、日本人の何倍もの努力が必要だったに違いない。ただし、教育学部への進学は、子どもの頃からの夢をあきらめることを意味した。父と同じエンジニアになるという夢である。

渡辺さんの父親はブラジルで大学院を出たインテリで、母国にいた頃は日系企業のエンジニアとして活躍していた。母親も米系銀行で働いていて、一家は恵まれた環境にあった。しかし、そんな生活も1980年代のハイパーインフレによって簡単に壊れてしまった。そして家族は、日本へと出稼ぎに行くことになった。

来日後、父はほかの日系ブラジル人たちと同様、工場での派遣労働に就いた。ブラジルでの経験や知識など日本では通じなかったのだ。日本での生活にはストレスもあったのだろう。やがて父は体調を崩し、数年でブラジルへと単身帰国していく。そうした父の姿を見ていたことも、渡辺さんが日本でエンジニアを目指した理由だった。

大学に入学した後も、渡辺さんの悩みは続いた。そのためいったん休学し、美濃加茂で後輩の日系ブラジル人子弟のため相談員をすることにした。そして渡辺さんは大きなショックを受ける。進学率の低さや不就学児童の問題など、渡辺さんが子どもだった頃と比べてもまったく状況が改善していなかったからだ。

子どもたちには、目標やお手本となる存在が必要だった。そこで彼は、自分が後輩たちのお手本になろうと考えた。

渡辺さんは大学に復学し、卒業と同時に日本国籍を取得した。日系ブラジル人の間では、日本に長く住んでも国籍まで変更する人は多くはない。しかし渡辺さんに限っては、日本で「移民」となる覚悟を固めたのだ。将来、教員や公務員になる可能性も頭に入れてのことでもあった。

その後、美濃加茂市の職員などをしながら行政書士の資格を取得した。私生活では大学の同級生だった日本人女性と結婚し、2人の子どもの父親にもなった。

3年前、渡辺さんは来日以来、初めてブラジルへと一時帰国した。故郷のリオデジャネイロはまったく違う町に生まれ変わっていて、「浦島太郎」の気分だったという。

「まず、最初に驚いたのが物価の高さでした。そこらじゅうに日本食レストランができているんですが、定食が日本円で1000円以上もした。20年前、父が日本で稼いだお金で買った土地の価格は5倍になっていました。給料も上がっていて、美濃加茂からブラジルに戻った友人などは、日本企業で通訳として働いて月25万円の収入を得ていた。これでは日本に出稼ぎに来る人がいなくなるのも当然です」

町を走っている車も、渡辺さんが子どもの頃とはまったく違っていた。以前は今にも止まってしまいそうな中古車ばかりだったが、日本や欧州メーカーの新車も増えている。20年あまりで何から何まで一変したのだ。

この感覚は、私を含め多くの日本人にはなかなか理解しがたいものだろう。同じ時期、日本ほど変化に乏しかった国は世界でも珍しいかもしれない。物価もほとんど上昇せず、一時はデフレで逆に下がったほどである。日本から20年以上離れていた人が久しぶりにこの国に戻ったとしても、渡辺さんがブラジルで感じたような驚きはなかったはずだ。

「確かにリーマン・ショックは、日系ブラジル人たちに大きな影響がありました。でも、リーマンがなくても、帰国していく人は増えていたんじゃないかな。ブラジルを見て、そう思いました」

リーマン・ショックやソニー・ショックは、ブラジルに戻るべきかどうか迷っていた日系ブラジル人たちの背中を押すことにはなった。だが、それはあくまで「きっかけ」に過ぎず、本当の理由はほかにあるということだ。

「日本は今、あまり元気がないですよね。でも、ブラジルの人は皆、ポジティブなんです。僕が向こうで会った人も『将来、こんなことをしたらおもしろいかもしれない』みたいな話ばかりしていた」

渡辺さんの話を聞くと、日系ブラジル人の若者たちが日本から去っていくのもわかる気がする。治安やインフラ面を始め、ブラジルには日本よりもずっと問題は多い。しかし、成長の余地は日本の比ではない。国として大きな可能性を秘めているのだ。若者には魅力的なことである。

「僕も、独身だったらブラジルに戻っていたかもしれない。でも、僕には日本人の妻と子どもがいる。日本で一生、生きていく決心をしたのです」

渡辺さんはみずからの努力と強い意思で、日本社会へと溶け込んでいった。彼のように若く、優秀な人材が、どうすればもっと日本に残ってくれるのか。この国に突きつけられた課題だが、彼らを取り巻く環境を見ると、道のりは遠いようにも映る。

本当に使い捨てられたのは日本⁉

大きく減少した日系ブラジル人に取って代わるように、美濃加茂ではフィリピン人が増えている。その数は２０１６年６月時点で１６８０人と、10年前と比べて４００人近く増え、ブラジル出身者の１８６３人に迫るまでになった。

全国的に見れば、すでにフィリピン人はブラジル人を上回っている。２０１５年末時点では、ブラジル人の17万3437人に対し、フィリピン人は22万9595人と5万人以上の差がある。その多くは、日系ブラジル人と同じく「日系ビザ」で来日する日系フィリピン人である。

フィリピンには、第二次世界大戦前にフィリピンに移民した日本人の子孫がいる。しかし現在、日本で増えているのは「新日系人」と呼ばれるフィリピン人だ。バブル期に日本に出稼ぎにやってきていた女性たちが、日本人男性との間にもうけた子どもたちのことである。その数は10万人以上に上るとされる。

新日系人には、未婚の母親のもとに生まれた子どもが少なくない。そうした子どもたちは、以前であれば日本国籍の取得が困難だった。しかし、２００９年の国籍法改正で「生後認知」が認められて状況が大きく変わった。日本人の父親が認知すれば、生まれてから時間が経っていても日本国籍が取れるようになった。

そんな事情もあって、新日系人の来日が最近になって急増している。しかも母親や妻、夫などと一緒に出稼ぎにやってくるため、在日フィリピン人の数がさらに増えることになる。

もちろん政府は、新日系人への国籍付与と人手不足の関係は認めないだろう。とはいえ、２００９年という法律改正の時期を考えると、うがった見方もできてしまう。バブル期から約20年を経て、ちょうど新日系人が成人する年齢となっていた。受け入れから20年近くを経て、中高年に差し掛かっていた日系ブラジル人を「帰国支援金」で追い返し、若い新日系人と入れ替えようとしたとも受け取れる。

　母子家庭に育ったフィリピンの新日系人には、経済的に恵まれない者も多い。日本の国籍を取っての来日を希望する新日系人が続出するのもわかる。だが、日系ブラジル人の受け入れについての反省もなく、今度はフィリピンに目を向けたところで、新日系人が日本社会に貢献する存在になるとは思えない。

　一方、日系ブラジル人の減少も、ここにきてやっと止まる気配がある。ブラジル経済がどん底にあるため、一部で再び日本へと向かう動きが見られる。可児で人材派遣業を営む林田剛さんが言う。

「ブラジルで商売に失敗し、日本に戻ってくる人も結構いますよ。１９９０年代と同じことをまたやっている（苦笑）。でも、昔みたいに（日系ブラジル人社会が）賑やかになることはもうないんじゃないかな」

　つまり、再び来日する日系ブラジル人は、母国で仕事にあぶれた人なのだ。言い換えれば、ブラジルで生きる道を見つけた日系人は、もはや昔のように好き好んで日本へとやってきたりはしない。

　リーマン・ショックの後、日本政府が帰国支援金の制度を設けた際には、「日本は日系ブラジル人を使い捨てた」との批判が国際社会で巻き起こった。しかし、美濃加茂の盛衰を見ていると、本当にそうなのだろうか、と思えてくる。

2010年以降、美濃加茂を訪れるたびに「ブラジル」の影は薄くなっていった。それと共に町の衰退も進んでいるように私には映る。

地方の小さな町で日系ブラジル人社会が消滅しようが、大半の日本人にとっては関心のない話かもしれない。だが、日本での永住権を放棄してブラジルへと戻っていく彼らの姿は、この国の将来を暗示している。

彼らの母国ブラジルは、将来性に満ちた国である。一方、日本は少子高齢化という根本問題に解決策を見出せず、今後も大きな経済成長は見込めない。そう考えると、使い捨てられたのは日系ブラジル人ではなく、むしろ日本だったのではないか——と思えてくるのである。

第６章　犯罪集団化する「奴隷」たちの逆襲

わかる。

ベトナム人はなぜ犯罪に走るか

外国人が増えると、日本の治安が悪化してしまう——。そんな心配をしている人は少なくない。言葉が通じず、文化や習慣も違う外国人に対して、漠然とした不安を抱きたくなる気持ちはわかる。

本書冒頭でも述べたように、日本に住む外国人の数は過去最高に達している。だが、外国人の犯罪は逆に減少傾向にある。2015年の検挙件数は1万4267件で、前年から6パーセント以上も減った。日本人を含む総検挙件数に占める割合も2・6パーセントと、在日外国人の数を考えると特別高いわけではない。つまり、外国人の増加と治安の悪化に相関関係はない。

ただし、国籍別に見てみると、ある国籍の外国人による犯罪が突出して増加している。この本でも繰り返し触れてきた「ベトナム」である。

ベトナム人は在日外国人全体の7パーセントにも満たないが、犯罪に関しては4分の1近くを占めている。その中心にいるのが留学生、そして実習生として入国した者たちだ。

ベトナム人留学生については、第1章と第2章で詳しく書いた。彼らが日本にやって来る経緯と目的、そして来日後に直面する生活を考えれば、犯罪に走る者が出てきても不思議ではない。

彼らは多額の借金を背負い、出稼ぎ目的で来日する。しかし、来日前にブローカーから伝えられていたほどには稼げない。そこで学費の支払いを逃れようと、日本語学校などから失踪して不法滞在者となる。入管当局に見つかるまで、稼げるだけ日本で稼ごうとするのだ。すでに法律に違反して滞在し、仕事までしている彼らにとっては、窃盗や万引きなどで罪が増えたところで大した意味はない。

留学生と同様、急増中のベトナム人実習生にしても同じことがいえる。さまざまなピンハネによって給料が安く抑えられ、職場から失踪する者が後を絶たない。そうして不法滞在を続けるうち、犯罪へと走ってしまうケースが多い。

新聞やテレビでは、外国人が犯した犯罪が頻繁に取り上げられる。だが、その背景までは伝わってこない。ベトナム人が加害者となった犯罪について、少し詳しく見ていきたいと思う。

ヤギを盗んで食べた実習生

「ヤギを盗んで食べたベトナム人」の話は、ニュースでご覧になった方も多いだろう。２０１４年８月、岐阜県美濃加茂市で除草用に飼われていたヤギを盗んで食べたとして、３人のベトナム人が逮捕された事件である。

ニュースを見て、「なにもヤギを食べなくても……」と失笑した読者もいたかもしれない。だが、この事件は、「ブローカーに騙されて来日したベトナム人による日本への復讐」という意味で、現在頻発しているベトナム人犯罪を象徴するものだ。今回は「ヤギ」だったが、彼らの刃《やいば》がいつ日本人に向かっても不思議ではない。

事件を起こしたのは、職場から失踪して不法就労していた実習生や、短大を退学していた留学生たちだった。その後、2人に対して2015年2月、岐阜地裁から「懲役2年、執行猶予3年」の有罪判決が下されることになった。

有罪となった一人、レ・テ・ロック被告（30歳）は元実習生だ。彼はベトナムではタクシー運転手をしていた。収入は、日本円で月1万6000円程度だったという。日本にやってきたのは、実習生の送り出し機関からこう勧誘されたからだった。

「日本で働けば月給20万〜30万円。一日8時間、週5日勤務で土日は休み。寮もある」

外国人実習生の手取りが月10万円程度に過ぎないことは第3章で述べた。それを送り出し機関は「月給20万〜30万円」と偽り、実習生を集めていた。日本への出稼ぎのため「留学」を勧める斡旋業者が使うのと同じ手口である。

「外国人技能実習制度」の嘘と建て前の数々についても前述したが、「公的な機関」とされる送り出し機関にしろ、実際には民間の人材派遣会社のビジネスになっている。しかも、悪質なブローカーが多い。「母国で就いていた仕事を日本でもやって技能を学ぶ」という規則にしろ、まったく守られていない。タクシー運転手をしていたロック被告も、日本では「農業」の実習生となった。

彼は2013年3月に来日し、長野県の農業会社で実習生として働き始める。仕事は多い日で朝6時から午前2時まで一日20時間にも及んだという。時給は午後5時までが最低賃金レベルの750円で、以降はトマトを1袋詰めて1円の出来高払いだった。本人の証言によれば、会社が用意した寮の家賃を引かれると、手取りは月6万円にしかならなかったという。

ロック被告は、来日から7ヵ月で職場から失踪した。そして愛知県内の土木会社で不法就労していたが、事件を起こす5ヵ月前の2014年3月に解雇されていた。

彼は日本に来るため、ベトナムで150万円の借金をしていた。この程度の借金は留学生であれば普通だが、実習生としてはかなり多い。悪質なブローカーに捕まって、契約を交わしてしまったのである。

「月6万円」の手取りでは、実習生として就労が許される3年間働いても150万円の借金返済などできない。そのため彼は、実習生よりも稼げる不法就労の道を選んだようだ。

ロック被告と一緒に有罪となったブイ・バン・ビ被告（22歳）は元留学生だ。ロック被告を上回る200万円の借金をし、日本の短期大学に留学していた。最近では日本語学校を経ず、短大や大学に直接留学する外国人も増えている。日本語学校の「成功」に目をつけ、「日本語コース」を設けるなどして、日本語などできなくても留学生を受け入れる大学が多くある。

ビ被告は、出稼ぎ目的の〝偽装留学生〟だった可能性が高い。事件を起こした当時、彼は学費が払えなくなって短大を退学していた。

そんな2人が同じアパートで暮らすようになって事件を起こした。ベトナム人の仲間20人で誕生日パーティを開いた際、ヤギを盗む話が出たのだという。そして、7人でヤギの飼われている公園へと向かい、16頭のうち2頭を捕まえた。ベトナムではヤギは食用として人気で、鍋にして食べることが一般的だ。友人の誕生日を祝うため、軽い気持ちで盗んでしまったのだろう。

犯行グループのメンバーはほかにもいたが、別の窃盗事件も起こしていた2人だけが有罪となった。ロック被告は、次のような謝罪文を法廷に提出している。

〈悪いことをしたことは自分でもよくわかっています。言い訳ではないですが、私の話を聞いてください。一生懸命働いてお金をためてベトナムの家族に送るために日本に来ました。生活が苦しいので、日本で働きたい。そのために家を担保に借金をして日本に来ました。7ヵ月頑張りました。もう力が無く疲れてしまい、会社を逃げ出しました。お金が無くなってきて、日本語も下手、誰も助けてくれない。ベトナムに帰ろうと思ったが、借りた150万円を返していない。今帰ったら家族が困る。日本にいれば仕事が見つかるかもしれない。でも、おなかがすいた。スーパーで初めてごはんを万引きしました。命を守るため万引きしました。本当に申し訳ありませんでした〉

盗まれたヤギ2頭の時価は7万円ほどに過ぎない。金額は大きくないが、「ヤギを盗んで食べたベトナム人」という珍しさで全国ニュースになった。しかし、ロック被告が書いた謝罪文には、多くのベトナム人実習生や留学生が共感するであろう悲痛な叫びが表現されている。

「ユニクロ窃盗団」事件の闇

もうひとつ、在日ベトナム人の犯罪として話題となったのが「ユニクロ窃盗団」だ。2014年3月、日本国内で盗まれた衣類をベトナムへ密輸した罪で、ベトナム航空の女性客室乗務員、グエン・ビッチ・ゴック容疑者（25歳）が警視庁に逮捕された。グエン容疑者は盗品の「ユニクロ」ジャケット21着を自分のバッグに詰め込み、関西国際空港からベトナムへと運んでいた。日本に住むベトナム人留学生の窃盗グループから依頼されてのことである。グエン容疑者は取り調べに対し、こう供述している。

「盗品とは知らなかったが、多くの客室乗務員が小遣い稼ぎでやっている」

一般の乗客と比べ、客室乗務員への手荷物検査は厳しくない。そこに目をつけ、グエン容疑者は窃盗グループと共謀し、盗品の運び屋になっていた。警視庁の調べでは、30人近くに上るベトナム航空の乗務員が、同じように「アルバイト」をやっていたと見られている。「ヤギを盗んで食べたベトナム人」と似て、この事件も「ユニクロ」と「ベトナム航空の客室乗務員」という意外な組み合わせによって、日本人の関心を集めた。

「ユニクロ」はベトナムに進出していない。そのためベトナムでは、希少価値もあって人気が高い。同年9月には、愛知、岐阜、三重県のユニクロで100回以上にわたって万引きを繰り返していた男女5人のベトナム人グループが摘発されてもいる。やはり盗んだ商品は、ベトナムへと運ばれていたようだ。だが、盗まれているのはなにもユニクロだけではない。

日本で暮らすベトナム人たちに話を聞くと、「ユニクロ窃盗団」など氷山の一角に過ぎないことがよくわかる。今やごく当たり前のように見かける「留学生」や「実習生」が、ある者は個人で、またある者はグループを形成し、犯罪に手を染めている。私たちの知らないところで、いったい何が起きているのだろうか。

関東近郊の国立大学で博士課程に在籍するベトナム人のタン君（20代）は、日本に住んで10年になる。彼のもとには、在日ベトナム人の犯罪グループの情報も入ってくる。「ユニクロ窃盗団」の事件にも、驚きはなかった。

「〝ベトナム航空〟はルートの1つに過ぎません。ほかにもベトナムに盗品を送る方法はいくらでもありますからね。日本国内で売りさばいているグループだってある。新聞やテレビのニュースにならない話もよく聞きます。たとえば、ベトナム人のグループが夜中にドラッグストアの倉庫にトラックで乗りつけ、鍵を壊して侵入し、商品を根こそぎ盗んでいく。事件として表には出ませんが、そんな話だってあるんです」

そうして盗まれた品は、専門の「業者」を通してベトナムへと持ち込まれる。タン君によれば、日本に住むベトナム人が母国へ荷物を送る際、よく利用する発送業者があるのだという。業者は日本の郵便局などよりもずっと格安の値段で荷物を引き受けてくれるため、ベトナム人の間で人気となっている。

「ベトナム人から集めた荷物を大型のコンテナに積み込み、定期的にベトナムへと送るのです。客が持ち込む荷物が盗品かどうかのチェックなどしません。こうした業者に頼めば、ベトナム航空の客室乗務員など使わなくても大量に盗品を送ることができる」

タン君は最近、ベトナム人の妻と幼い子どもを連れてベトナムの首都ハノイに里帰りした。街を歩いていると、日本からの盗品らしきものばかりを集めて売っている店があった。

「日本の化粧品や粉ミルクが、日本で買うよりも安い値段で売っているんです。そんなことができるのも、大量に盗んで持ち込んでいるからですよ」

元難民と「盗品ビジネス」

東京の私立大学で研究員をしているベトナム人のハイさん（30代）には、留学生を斡旋する会社の経営者という裏の顔がある。ベトナムにいるパートナーが現地で留学希望者を集め、ハイさんは日本での受け入れ先となる日本語学校を見つける。そうして日本語学校へと斡旋してきたベトナム人は300人以上に及ぶ。

斡旋ビジネスの儲《もう》けは大きい。留学生一人につき30万円の手数料を取れば、300人の斡旋によって1億円近くの収入となる。加えて、日本語学校からのキックバックも見込める。

そんなハイさんにとって、留学生が起こす犯罪は悩みの種《たね》だ。彼が斡旋した留学生からも、わかっているだけで5人が窃盗や万引きで警察に逮捕されている。

「たいていは、ドラッグストアやスーパーでの万引きです。借金などとは関係なく、遊びやゲーム感覚でやっている連中もいる。日本の店はベトナムとは大違いです。ベトナムのスーパーでは、空のバッグなど店内に持ち込めません。その点、日本の店はまったくノーチェックで、ベトナム人にすれば『万引きしてください』と言われているようなものですよ」

先日も、ハイさんのもとにある日本語学校から連絡が入った。留学生の一人が、東京・秋葉原の電気街で万引きをして警察に捕まったのだ。

逮捕された留学生は裕福な家庭の出身で、ベトナム人としては珍しく借金もせず来日し、日本語学校へ通っていた。親の勧めで留学したが、そもそも勉学などに関心がないため学業にも身が入らない。しかも周りのベトナム人留学生たちは、出稼ぎ目的の〝偽装留学生〟ばかりである。そんなクラスメートの一人から誘われ、窃盗グループに加わることになってしまった。

「クラスメートの兄（ベトナム人）が、窃盗グループのリーダーだったんです。どういうビザで日本にいる人物かはわかりませんが、多分（職場から失踪して日本に不法滞在している）元実習生とかでしょう。

今回、（ハイさんが斡旋した）留学生とクラスメートは実行犯として逮捕されました。でも、リーダーは捕まっていない。彼を逮捕しなければ意味がないですよ。リーダーがリクルートすれば、現場で盗みを働くベトナム人はすぐに見つかる」

日本に馴染んだベトナム人が、留学生などとして続々と来日する同胞のニューカマーを犯罪の道へと導いていく。誘われた留学生も、カネ欲しさに簡単に応じてしまうのだ。

実は、日本国内にはいくつかのベトナム人コミュニティがある。日本は1970年代後半からベトナムからの難民を1万人以上受け入れていた。米国をはじめとする欧米諸国とともに、ベトナム戦争を逃れた人たちを保護したのである。そうした人々が日本に定住して40年近くを経た現在、コミュニティをつくっている。ハイさんは知人に誘われ、そうしたコミュニティを訪れたことがある。

「元難民のベトナム人が多く住む町で、カラオケスナックに連れて行かれました。客は皆、ベトナム人です。いかにも危ない雰囲気でした。元難民の人たちを差別するわけではありませんが、犯罪のにおいがプンプンしていた。

考えてみてください。ベトナム人が日本で盗む商品は、すべてベトナムへと送られるわけではないのです。多くは日本の国内でも売りさばかれる。日本に来て間もない留学生などには密売するようなルートはありません。ルートを持っている誰かが買い取って、こっそり販売しているということです」

ハイさんの訪れたカラオケスナックが、実際に犯罪者のたまり場なのかどうかはわからない。日本国内でベトナム人が起こす犯罪に対し、元難民たちが本当に関与し、「盗品ビジネス」を展開しているかどうかもわからない。

ただし、元難民のベトナム人たちには、日本社会に溶け込めなかった人も少なくない。日本への定住が許されても、日本語の習得などで十分な支援も得られず、仕事を見つけるのにも苦労してきた。ベトナム難民の受け入れから約10年を経て始まった日系ブラジル人たちの辿った道を見ても、外国人が「移民」として日本に馴染むことは簡単ではない。結果、犯罪に手を染める元難民がいたとしても不思議ではない。

暗躍するベトナム人「地下銀行」

2016年3月には、日本に住んで30年になるベトナム人が逮捕された事件もあった。愛媛県在住のゴー・チャン容疑者（57歳）をはじめとする一家4人が、銀行法違反（無免許営業）で逮捕されたのである。容疑は海外へと無許可で送金する「地下銀行」の運営だった。

ゴー容疑者はホーチミン市で「リンリンパーク」という日本庭園を運営する会社の経営者で、ベトナムの日本人社会では有名人だった。その彼が、日本で同胞が急増していることに着目し、違法なビジネスに手を出していたわけだ。ゴー容疑者の顧客には、日本で稼いだ金をベトナムへと送ろうとしていた留学生らも含まれていたに違いない。

留学生ブローカーのハイさんは、政府が進める「留学生30万人計画」には反対だ。

「30万人計画のおかげで、私のビジネスは大成功しています。しかし、現状は明らかに問題だらけです。本来、留学すべきじゃないベトナム人まで日本にやってきている。(日本政府は)留学生を増やすにしろ、日本語能力を入国の条件にするとかして、もっとハードルを上げるべきです。そうしなければ、これからも犯罪に走る留学生は増えるに違いない」

入国条件が厳しくなれば、ハイさんの斡旋会社にとっては不利益があるだろう。それでも日本は「もっとハードルを上げるべき」と主張するハイさんの言葉は重い。それほどまでにベトナム人が起こす犯罪は広がっているのだ。

「悪いブローカー(留学斡旋業者)、悪い日本語学校はたくさんあります。そこを取り締まらないと、大変なことになりますよ」

“犯罪常習者”の素顔とは

これまで私は取材を通じ、100人を超す在日ベトナム人と出会ってきた。その大半は、日本社会の最底辺で、過酷な肉体労働に就いている人たちだ。法律に規定された以上の時間の仕事をしたり、不法滞在をしたりしている者もいる。だが、ベトナム人が多く犯している窃盗や万引きといった犯罪について、みずから「やっています」と宣言する者に出会ったことはない。

そんななか、あるベトナム人留学生から「彼は窃盗の常習者らしい」と紹介された若者がいる。

ここでは仮に、彼の名前をグエン君としておこう。年齢は20代で、ベトナムの首都ハノイ近郊の出身だ。1年半前に関西地方にある日本語学校の留学生として来日し、近く専門学校に進学することが決まっている。

グエン君とは計2回会った。一度目は紹介者のベトナム人留学生と一緒に会い、3人で食事をした。その際には、犯罪については一切話題にしなかった。そして再度、私と2人きりで会うことになった。

面会の場所として彼が指定してきたのは、真新しいショッピングモールだった。そのなかに入ったベトナム料理店で、夕食を共にすることになっていた。

午後8時前、レストランが軒を連ねるフロアは、週末にもかかわらず人の姿はまばらだった。ベトナム料理店にも、客は若いカップルが1組いるだけである。

グエン君は約束の時間通りに現れた。細身で、髪は茶髪、ダブついたジーンズに白いスニーカーを履《は》いている。日本人の若者にもよくいる、少しやんちゃなスタイルだ。事実、目鼻立ちのはっきりした顔を除けば、グエン君は日本人と見間違うほどだ。

「今日は来てくれてありがとう」

礼を言うと、グエン君はか細い声で応じてきた。

「いえ、こちらこそ、ありがとうございます」

そう言って、ぎこちなく頭を下げる彼の日本語は、1年半以上も学んでいる割にはたどたどしかった。

料理店には、ベトナムの弦楽器「ダンバウ」の物悲しい音色が流れていた。しばらくすると、若い日本人のウエイトレスがベトナム料理では定番のフォーと生春巻きを運んできた。グエン君は緊張しているのか、先に箸をつけようとしなかった。ベトナムは社会主義国で、日本のように言論の自由はない。「ジャーナリスト」との食事に彼が緊張するのも当然だ。しかも彼は〝犯罪常習者〟かもしれないのである。

「これ、おいしいねえ！」

私が生春巻きを口にして大げさに声を上げると、やっとグエン君の表情が緩んだ。

「出井さんは、ベトナム料理、好きですか？」

「大好きだよ」

そう答えると、グエン君は嬉しそうな顔をして、安心したように食事に手を伸ばし始めた。

グエン君は、日本語学校の寮で暮らしている。同じ寮に住む留学生はベトナム人ばかりだ。アルバイト先であるコンビニ弁当の製造工場でも、同僚には大勢のベトナム人がいるため日本語は必要ない。日本人の友人もおらず、こうして同胞以外と食事することもほとんどないのである。

グエン君との会話は、簡単な言葉のキャッチボール程度がせいぜいだった。

「日本は好き？」

「日本語は難しい？」

「アルバイトは大変？」

そんな質問に対し、彼が「好きです」、「難しいです」、「大変です」といった具合に答える。会話とも呼べない程度の会話をしばらく続けた後、私はこう切り出した。

「最近、ベトナム人の犯罪、物を盗んだりして、悪いことをする人が増えているでしょう……」

彼が理解できるように、簡単な言葉を使うように努めた。私の話にグエン君が頷いている。できるだけゆっくりと話したこともあって、なんとか彼にも通じているようだった。

「グエン君の知っているベトナム人で、犯罪……、盗みとか泥棒とかしている人はいる？」

私が質問を終えると、彼はこちらを正視して言った。

「はい、います。たくさん、いますよ！」

まるで訴えるような口調だった。そして「うー……」と声を上げ、何か言おうと日本語を探しているようだったが、うまく見つけられないでいた。そこで私が質問を続けることにした。

「盗むのは、どこ？」

「お店です。スーパー、ドラッグストア……、いろいろです」

「グエン君は、盗んだことあるの？」

「いいえ、ありません」

グエン君は静かに言い切った。そしてしばらく会話が途切れた。それ以上、私に彼を追求するつもりもなかった。

周囲のベトナム人たちが見ているように、グエン君が本当に〝犯罪常習者〟なのかどうかは知れない。だが、たとえそうだとしても、彼は日本社会、そしてこの国の政策が生み出してしまった「犠牲者」でもある。

食事を一緒にした翌日、グエン君から私の携帯電話にメッセージが届いた。

〈やすさん、ごちそうさまでした。ありがとうございました〉

絵文字入りのメッセージには、私のことが「やすさん」と記されていた。これからはそう呼んでほしいと私から伝えていたのだ。

グエン君はごく普通の若者だった。礼儀正しく、私との別れ際、「（ホテルまでの）道、わかりますか？」と、街に不慣れな私を気遣ってくれるようなやさしさもあった。日本で犯罪を起こしているほかのベトナム人にしろ、おそらくその多くが「普通の若者」なのだろう。そんな彼らが犯罪者となっていく背景について、私たちは目を向ける必要がある。

食事をしてから数ヵ月後――。彼の携帯にメッセージを送ろうとすると、画面に〈未配信〉の文字が出た。すぐに電話をしてみたが、すでに番号は使われていなかった。予定では、日本語学校を卒業し、専門学校へと進んでいる頃である。

私のことを警戒し、彼が電話番号を変えてしまったのか。それとも、ベトナムへと帰国してしまったのか。仮に犯罪で捕まっていれば、ベトナムへと強制送還されたことも考えられる。「次は一緒にお寿司を食べよう」という私の約束は、果たせずじまいになってしまった。

凶悪化の刃が日本人に向かう

在日ベトナム人による犯罪の多くは窃盗や万引きだ。しかし、最近になって凶悪化した犯罪も目立つようになってきた。

２０１５年９月には、大阪市生野区で３人のベトナム人が路上で襲われ、１人が殺害される事件があった。彼らを襲撃した側も、同じベトナム人のグループだった。同胞の間でどんなトラブルがあったのかは知れない。亡くなったベトナム人は留学生である。日本語学校に留学した後、事件に巻き込まれたときには専門学校に通っていた。犯人は「無職」だが、主犯のベトナム人が30歳、そのほかは20代という年齢からして、元留学生か元実習生の不法滞在者だった可能性が高い。

生野区は在日コリアンの多く住む町として知られている。区内の外国人住民数は２０１５年８月末時点で韓国・朝鮮籍が約２万５０００人を数え、全体の９割近くに上る。そこに最近増えているのがベトナム人だ。その数は、３年前の約１５０人から約９００人へと膨らんでいる。

こうして生野区で増加中のベトナム人もまた、大半が留学生と見られる。生野区は大阪市内では物価も比較的安く、近隣の日本語学校がアパートなどを寮として借り上げるケースも多い。現地では、事件前からベトナム人同士の喧嘩《けんか》もよく目撃されていたようだ。

２０１６年２月には、埼玉県上里町《かみさと》のアパートで、住人のベトナム人女性（22歳）が現金約50万円の入ったバッグを奪われ、一緒にいたベトナム人男性（29歳）が犯行グループに刃物で胸を刺される事件も起きた。この事件の犯人もまた、同胞のベトナム人グループだった。

グループは現場から逃走したが、2日後までに長野県などで4人が捕まった。いずれも20代のベトナム人男性である。犯人は当初「職業不詳」とされていたが、少なくとも一人は留学生だったことが後に判明した。

同胞以外が犠牲となった事件では2015年2月、茨城県鉾田《ほこた》市の路上で、5人のベトナム人グループが自転車で通りかかった中国人の実習生2人を襲撃し、1人を死亡させている。ベトナム人グループ5人のうち4人は元実習生で、職場から失踪して不法滞在中だった。残る1人は現役の実習生である。

日本人を相手にした犯罪としては2014年9月、東京都江戸川区の歩道橋で専門学校に通うベトナム人留学生（20歳）が男性会社員（48歳）の後頭部を殴《なぐ》り、パソコンや現金の入ったバッグを奪う事件があった。奪われたパソコンには盗難防止用ソフトが入っており、留学生がネットに接続したことで逮捕につながった。留学生は警察に対して容疑を認め、「家賃や学費がほしくてやった」と話していたという。

もちろん、凶悪犯罪はどこの国籍の者であろうと起こしかねない。しかし日本に住むベトナム人が起こす犯罪は、常にパターンが似通っている。出稼ぎのためにやってきた留学生や実習生が、来日前に考えていたほど金を稼げず、不満を募らせるなどして犯行に及ぶのだ。

第2の「福岡一家4人殺害事件」

こうした状況を見ると、私は、政府が「留学生10万人計画」の達成を目指していた２０００年代前半を思い出す。

当時、中国から出稼ぎ目的で来日する〝偽装留学生〟が急増していた。彼らの受け皿となったのが、現在と同じく日本語学校、さらには日本人の学生不足に悩む地方の大学などだった。授業などまともに行わず、定員を大幅に上回る数の留学生を受け入れていたような大学も多かった。

そんななか、２００１年に発覚したのが「酒田短大事件」である。山形県酒田市にあった酒田短期大学は日本人の学生が集まらず、出稼ぎ目的の中国人留学生を大量に受け入れて経営再建を目指した。中国人たちは大学に籍だけ置き、東京で不法就労に励《はげ》んでいた。そのことが発覚し、問題となったのだ。

その後、酒田短大は２００３年に閉校となった。しかし、事件を起こした同大の関係者は現在、東京都内で日本語学校の経営に当たっている。事件から十数年を経て、今度は日本語学校を使い、ベトナム人を食いものにしているのである。

酒田短大事件の発覚によって、留学生による犯罪も社会問題と化した。東京都内では２００３年、外国人犯罪全体に占める留学生の割合が４割に達し、５年前の25パーセントから急増した。

2003年といえば、ちょうど「留学生10万人計画」が達成された年でもある。

そして同じ年、全国に衝撃を与えた事件が起きることになった。中国人留学生3人による「福岡一家4人殺害事件」である。犠牲者は日本人夫婦と小学生の子ども2人で、遺体は福岡県博多湾で発見された。

犯人の3人は、いずれも日本語学校を入り口に来日していた。その後、2人は私立大学と専門学校に進学するが、いずれも学費や生活費の工面に苦労していた。そこで裕福そうな家庭に目をつけ、金品目的で犯行に及んだのである。

あの事件から10年余りを経た現在、今度はベトナム人〝偽装留学生〟の急増に伴い、彼らが起こす犯罪が問題となりつつある。留学生の国籍が「中国」から「ベトナム」に変わっただけで、犯罪が増加する背景は極めて似通っている。留学生を増やそうとする日本政府の方針によってビザの発給条件が緩和された結果、出稼ぎ目的の〝偽装留学生〟が増え、犯罪もまた増加する。福岡での事件が起きた途端、留学ビザの審査は厳しくなった。出稼ぎ目的の〝偽装留学生〟もいったん減り、それと同時に留学生が起こす犯罪も少なくなっていく。

政府は「留学生30万人計画」が実現するまで、ビザの大盤振る舞いを続けるつもりなのだろう。第2の「福岡一家4人殺害事件」でも起きない限り、その方針が転換されることはなさそうである。

行政や大手企業まで加担

ベトナムの「日本留学ブーム」によって、留学生の受け皿となる日本語学校のビジネスは大繁盛である。日本語学校も全国各地につくられているが、2015年10月には鹿児島県の奄美《あまみ》大島でも誕生した。

九州と沖縄の間に位置する奄美大島は、人口わずか4万5000の島である。そんな場所になぜ、日本語学校が必要なのか。

この日本語学校を設立した民間企業によれば、目的は「日本語を活用するグローバル人材の輩《はい》出《しゅつ》」「異文化交流の促進」「日本の労働力人口減少問題解決への寄与《きよ》」なのだという。最初の2つはさておき、3つ目の「労働力人口減少問題解決への寄与」に本音が見える。奄美大島では近年、人口減少に歯止めがかからない。そのため留学生を労働力に使おうとしているのだ。

この日本語学校には1期生として14人が入学した。国籍はベトナムが12人、カンボジアが2人。その中には、出稼ぎ目的の留学生もかなり含まれていることだろう。

このようにして続々と誕生している日本語学校には、行政までが留学生の出稼ぎを支援している学校もある。2015年4月、教育関連大手の民間企業H社が佐賀市に開校した日本語学校がそうだ。

この学校を佐賀県は税金で支援する。留学生一人につき年10万円、加えて非常勤講師の給与の半分を負担するのだ。佐賀県は独自に日本語学校の支援制度を設けているが、〝偽装留学生〟で溢れる実態をどこまで把握しているのだろうか。

開校前から佐賀市内の食品会社がアルバイトの受け入れに名乗りを挙げていた。留学生という貴重な労働力をいち早く確保したいのだ。こうした取り組みに対し、地元の新聞は「産学官が連携して開設した初の日本語学校」（２０１５年4月16日付佐賀新聞）などと絶賛する。しかし私には、「産学官」にメディアまで加わって〝偽装留学生〟を歓迎しているようにしか見えない。

1期生36人はベトナムとネパール出身者だという。ベトナムと同様、ネパールでも日本への「留学ブーム」が起きている。おそらく彼らの大半は、留学費用を借金して来日していることだろう。佐賀県の最低賃金は６９４円だ。留学生に許される「週28時間」以内でアルバイトをしていれば、月収は8万円にも満たない。これでどうやって借金を返し、翌年分の学費を貯めていけるというのか。

日本語学校の目的は、少しでも多く利益を上げることだ。そのためにブローカーに頼って留学生を集めようとする。そうやって集められた留学生が、日本語学校を経由して人手不足に悩む企業に労働力として供給される。こうして途上国の若者を食いものにしているブローカー、日本語学校、企業に対し、行政が税金をつぎ込んで応援するというのだ。

もちろん、日本語学校などの留学生すべてが「犯罪者予備軍」だというつもりはない。だが、ブローカーに騙され、日本語学校やアルバイト先の食いものになっていると気づいたとき、彼らがいつ社会に牙《きば》を剝いても不思議ではない。

犯罪都市「NY化」する日本

「このままでは、日本は〝ニューヨーク〟になってしまいますよ」

前出の、日本に留学して10年になるベトナム人のタン君は、〝ニューヨーク〟という言葉を使い、なし崩し的に外国人労働者が増えている日本社会の状況を表現した。彼にはニューヨークを訪れた経験などない。だが、世界中から集まった不法滞在の外国人で溢れ返り、治安も極めて悪かったかつての〝ニューヨーク〟が、近未来の日本の姿だと言っているのだ。

彼の住む関東近郊の都市では、ベトナム人が急増中だ。日本語学校も次々とつくられている。近隣には24時間操業の工場などがあって、日本語学校から大勢のベトナム人が労働力として送り込まれる。

「この何年かで、町の雰囲気はすっかり変わってしまいました。夜、駅前などに行くと、ベトナム人たちがたむろしているんです。彼らがいつ犯罪を起こしても不思議ではない。私は同じベトナム人だからわかります」

日本に長く住み、ベトナム人社会の状況を眺め続けてきたタン君の言葉は重い。「外国人」と「犯罪」の関係を強調すれば、「差別」だと批判する人がいるだろう。とはいえ、現在急増中の外国人犯罪に限っては、原因は明らかなのである。ならば、早急に対策を講じなくてはならない。

熊谷連続殺人事件はまた起きる!

2015年9月、在日外国人が起こした1つの事件が大きく報じられた。埼玉県熊谷市で日系ペルー人のナカダ・ルデナ・バイロン・ジョナタン容疑者(30歳)が、小学生を含む6人を連続して殺害した事件である。

ナカダ容疑者の実兄は、ペルー史上でも最悪とされる25人を殺害した事件の犯人だった。ナカダ容疑者自身にも、日頃から精神的に不安定な面があったとされ、逮捕後には精神鑑定を受けることになった。それにしてもこの事件は、ナカダ容疑者という〝特別な〟背景を持つ人間による〝特殊な〟犯行だったのだろうか。

ナカダ容疑者は食品加工工場で派遣労働に就いていた。「食品加工工場」は、ベトナム人〝偽装留学生〟が働く典型的な職場の1つだ。そして「派遣労働」は、ブラジルをはじめとする南米出身の日系人たちの象徴でもある。日系人の多くがそうであるように、ナカダ容疑者も日本社会に馴染めず、不満を募らせていたことも事件の背景になかったのかどうか。

同じ日系ペルー人が関わったものとして、２００５年に広島で小学1年生の女子児童が暴行を受け、殺害された事件がある。逮捕された犯人は、ペルーでも3件の婦女暴行事件を犯していたが、偽名を使って就労ビザを取得して来日していた。人手不足によってビザの取得条件が緩めば、そんなことも可能になってしまうのだ。

人手不足が解消する目処はない。安く使える外国人労働者に対するニーズは、今後も増え続けていくだろう。ある者は「日系人」として、またある者は「実習生」そして「留学生」として、日本へと出稼ぎにやってくる。そうしたなかで、日本人が犠牲となる悲惨な事件もやがてまた起きるだろう。

そのときになってようやく、私たちは気づくのかもしれない。「人手不足」を言い訳にして、いかに私たちがニッポンという〝絶望工場〟で彼らを搾取し、食いものにしてきたのかということに――。

おわりに——英国のＥＵ脱退と日本の移民問題

シリア内戦で難民が欧州に押し寄せた際、日本も彼らを受け入れるべきだという声が出た。確かに日本は、欧米の先進国と比べて難民の受け入れ数は少ない。だが、難民にとって日本は魅力的な国なのだろうか。事実、４００万人にも達したシリア難民のうち、日本への亡命を希望した人はわずか60人程度と見られる。命がけで国を逃れたシリア人にとってすら、日本は「住みたい国」ではないのである。

今、日本でも移民の受け入れをめぐっての議論が始まっている。だが、私から見れば、受け入れ賛成派、そして反対派にも大きな勘違いがある。それは、「国を開けば、いくらでも外国人がやってくる」という前提で議論を進めていることだ。日本が「経済大国」と呼ばれ、世界から羨《せん》望《ぼう》の眼差しを注《そそ》がれた時代は今や昔なのである。にもかかわらず日本人は、昔ながらの「上から目線」が抜けない。

日本で働く外国人労働者の質は、年を追うごとに劣化している。そのことは長年、現場を見てきた身から断言できる。本書で取り上げてきた実習生、介護士の問題もそうだ。日系ブラジル人の場合は、年齢が若く、可能性を秘めた人から母国へ帰国している。留学生に至っては、出稼ぎ目的の〝偽装留学生〟の急増は目立つが、本来受け入れるべき「留学生」は決して増えていない。すべては、日本という国の魅力が根本のところで低下しているからなのだ。そんななかで、「移民」受け入れの議論が始まった。

移民の受け入れを主張する人たちに尋ねたい。「あなたたちは、いったいどこの国から、どれだけの数の人たちを、どんな条件で受け入れるつもりなのか」と。

安倍晋三首相は、移民の受け入れを繰り返し否定している。だが、裏では着々と準備が進められてもいる。人手不足に直面する経済界の声、さらには米国などからの「外圧」に押されてのことだ。

2016年3月に開かれた自民党「労働力確保に関する特命委員会」の初会合では、テレビのコメンテーターとしても有名な米国人エコノミストからこんな提言があった。

「日本の大学で、日本語で授業を受けて卒業した留学生に対し、自動的に日本の永住権を与えるべきだ」

エコノミストは「移民」に対して日本人のアレルギーが強いことをわかって、「永住権」という言葉で置き換えている。だが、永住権の付与は移民の受け入れと同じことだ。

「大卒の留学生」に限って受け入れると聞けば、もっともらしく響く。もちろん、このエコノミストも「留学生30万人計画」で急増する〝偽装留学生〟の実態は知っているはずだ。金さえ払えば、彼らに卒業証書を出す大学はいくらでもある。そんな大学を卒業したところで、日本語は不自由で、単純労働者としてしか使えない。つまり、出稼ぎ目的の〝偽装留学生〟を移民にまでしてしまう抜け道を提案しているのだ。

人手不足は、低賃金・重労働を嫌がって日本人が寄りつかない仕事ほどひどい。そのことを素直に認めたうえで、なぜもっと正直な議論をしないのか。いつまで外国人を騙し、都合よく利用するつもりなのか。これでは日本が国ぐるみで「ブラック企業」をやっているも同然だ。

私は移民の受け入れをいっさい拒むべきだといっているわけではない。ただし「移民は一日にしてならず」である。今やるべきことは、将来「移民」となる可能性を秘めた外国人労働者、留学生の受け入れ政策について、一から見直すことだ。現状の制度は、嘘と建て前のオンパレードなのである。

単純労働者受け入れの裏口である「外国人技能実習制度」では、依然として「国際貢献」や「技能移転」といったお為《ため》ごかしがまかり通っている。「日本人と同等以上」と定められた実習生の賃金は、官民のピンハネのせいでまったく守られていない。ピンハネ構造を改め、実習生の再入国を認めるだけで「失踪」の問題は大幅に減り、現場にも役立つ制度になるはずだ。

経済連携協定（ＥＰＡ）を通じての外国人介護士・看護師の受け入れにも、改善の余地は大きい。せっかく優秀な人材を集め、多額の税金まで遣って育成しながら、日本は「国家試験」というハードルを課して追い返してきた。受け入れの目的すら定義せず、意味不明な政策を取り続けてきた結果である。

「留学生30万人計画」は即刻中止すべきだ。出稼ぎ目的の留学生が歓迎される国など、世界を見回しても日本だけである。ブローカーや日本語学校、人手不足の企業に食いものにされた挙《あ》げ句《く》、犯罪に走る者も続出している。

そして、移民受け入れの是非を議論する前に、日系ブラジル人をはじめとする日系人たちが歩んだ歴史と現状について、国として総括してもらいたい。「移民」となる資格を与えられて1990年代初めから来日が始まった日系ブラジル人らは、日本社会に順応したとは言いがたい。その反省もなく新たに移民を受け入れたところで、日本に貢献する人材が集まるはずもない。

移民の受け入れとは、単に労働力を補充することではない。日本という国を構成するメンバーとして、生まれ育った環境や文化の違う人たちを社会に迎え入れることなのだ。言語の習得、就職、さらには子弟の教育などへの支援を通じ、日本社会に適応してもらえるよう、私たちの努力も求められる。まるでモノでも輸入するかのような発想では、後にさまざまな問題が起きるに違いない。そのことは、移民の受け入れで長い歴史のある欧州諸国が証明している。

欧州では、周到な準備と支援のもとに移民が受け入れられてきた。それでも社会に溶け込めず孤立し、不満や絶望感を募らせる移民やその子弟は少なくない。そのなかには、過激な思想に染まる者も現れる。イスラム過激派組織「ＩＳ」に戦闘員として加わるような若者もいる。そんな彼らが今、テロリストとなって自分や親を受け入れた国へと復讐を企《くわだ》てている。

日本が移民を受け入れれば、テロの脅威《きょうい》に晒《さら》されると言っているわけではない。しっかりとした準備もなく、単に人が足りないというだけで移民まで受け入れようとする発想の安易さ、危《あや》うさを指摘しているのである。

在日ベトナム人などの犯罪が急増している背景については第6章で述べた。彼らが犯す「窃盗」や「万引き」は、欧州が直面するテロの脅威とは次元が違う。しかし、外国人による社会に対する復讐という意味では、スケールこそ違っても構図は同じである。

今後も、日本で働く外国人は間違いなく増えていく。日本に住み続け、移民となる人も出てくるだろう。彼らにこの国で、いかなる役割分担を求めるのか。どうすれば優秀な外国人を日本に迎え入れられるのか――。長期的な方針と戦略を立てるのは今しかない。

ちょうど本書を書き終えようとしていたとき、欧州から大きなニュースが飛び込んできた。英国で実施された国民投票で、ＥＵ（欧州連合）脱退が決まったのだ。決め手となったテーマは「移民」だった。ＥＵ加盟によって流入することになった移民に対し、多くの英国人が「ノー」をつきつけたわけである。

英国に限らず、欧米諸国でも今後ますます移民の受け入れを巡って議論が沸騰していくことだろう。もちろん、日本にとっても他人事ではない。

私には以前、政治の取材をしていた時期がある。その際、国民の無関心を嘆く政治家たちから、よくこんな言葉を聞かされた。

「政治に無関心でいられても、無関係ではいられない」

私たちの身の回りで増えている「外国人」にも、同じことが言えると思う。

「日本に住む外国人に無関心でいられても、無関係ではいられない」

それは遠い未来の話ではなく、すでに紛れもない現実となっている。

２０１６年６月

出井《いでい》康博《やすひろ》

出井康博

1965年、岡山県に生まれる。ジャーナリスト。早稲田大学政治経済学部卒業。英字紙「ニッケイ・ウィークリー」記者、米国黒人問題専門のシンクタンク「政治経済研究ジョイント・センター」(ワシントンDC)客員研究員を経て、フリー。

著書には『松下政経塾とは何か』(新潮新書)、『長寿大国の虚構 外国人介護士の現場を追う』(新潮社)、『黒人に最も愛され、FBIに最も恐れられた日本人』(講談社＋α文庫)などがある。

講談社＋α《プラスアルファ》新書 737-1 C

ルポ　ニッポン絶《ぜつ》望《ぼう》工場《こうじょう》

出《いで》井《い》康《やす》博《ひろ》 ©Yasuhiro Idei 2016

2016年7月20日第1刷発行

発行者──── 鈴木 哲
発行所──── 株式会社 講談社
東京都文京区音羽2-12-21 〒112-8001
電話 編集(03)5395-3522
販売(03)5395-4415
業務(03)5395-3615
カバー写真──── 著者
デザイン──── 鈴木成一デザイン室
カバー印刷──── 共同印刷株式会社
印刷──── 慶昌堂印刷株式会社
製本──── 牧製本印刷株式会社
本文データ制作──── 講談社デジタル製作

定価はカバーに表示してあります。

落丁本・乱丁本は購入書店名を明記のうえ、小社業務あてにお送りください。

送料は小社負担にてお取り替えします。

なお、この本の内容についてのお問い合わせは第一事業局企画部「＋α新書」あてにお願いいたします。

Printed in Japan
ISBN978-4-06-272956-7

講談社＋α新書

書名	著者	内容	価格	番号
爆買い中国人は、なぜうっとうしいのか？	陽 陽	「大声で話す」「謝らない」「食べ散らかす」……日本人が眉を顰める中国人気質を解明する！	840円	724-1 C
キリンビール高知支店の奇跡 勝利の法則は現場で拾え！	田村 潤	アサヒスーパードライに勝つ！ 元営業本部長が実践した逆転を可能にする営業の極意	780円	725-1 C
LINEで子どもがバカになる 「日本語」大崩壊	矢野耕平	感情表現は「スタンプ」任せ。「予測変換」で文章も自動作成。現役塾講師が見た驚きの実態！	840円	726-1 A
新しいニッポンの業界地図 みんなが知らない超優良企業	田宮寛之	日本の当たり前が世界の需要を生む。将来有望な約250社を一覧。ビジネスに就活に必読！	840円	728-1 C
運が99％戦略は1％ インド人の超発想法	山田真美	世界的CEOを輩出する名門大で教える著者が迫る、国民性から印僑までインドパワーの秘密	860円	729-1 C
全国13万人 ポーラレディ 年商1000億円 頂点のマネジメント力	本庄 清	絶好調のポーラを支える女性パワー！ その源泉となる「人を前向きに動かす」秘密を明かす	780円	730-1 C
人生の金メダリスト 成功するルーティーンには2つのタイプがある になる「準備力」	清水宏保	プレッシャーと緊張を伴走者にして潜在能力を100％発揮！ 2種類のルーティーンを解説	840円	731-1 C
「ハラ・ハラ社員」が会社を潰す	野崎大輔	ミスを叱ったらパワハラ、飲み会に誘ったらアルハラ。会社をどんどん窮屈にする社員の実態	840円	732-1 A
偽りの保守・安倍晋三の正体	岸井成格 佐高 信	保守本流の政治記者と市民派論客が、「本物の保守」の姿を語り、安倍政治の虚妄と弱さを衝く	800円	733-1 C
一回3秒 これだけ体操 腰痛は「動かして」治しなさい	松平 浩	『NHKスペシャル』で大反響！ 介護職員をコルセットから解放した腰痛治療の新常識！	780円	734-1 B
遺品は語る 遺品整理業者が教える「独居老人600万人」「無縁死3万人」時代に必ずやっておくべきこと	赤澤健一	多死社会はここまで来ていた！ 誰もが一人で死ぬ時代に、「いま為すべきこと」をプロが教示	800円	735-1 C

表示価格はすべて本体価格（税別）です。本体価格は変更することがあります